疾風怒濤

一法律家の生涯

—佐伯千仭先生に聞く—

Sturm und Drang ; Ein Juristenleben

語り手：佐伯千仭先生

聞き手：井戸田侃＝浅田和茂

成文堂

1926(昭元)年頃、
五高時代(後列中央が本人)

1932(昭７)年、
助教授になった頃

1933(昭８)年11月15日、
結婚式、奥様は道子様

1955(昭30)年頃、自宅前で

戦後、弁護士として、京都地方裁判所(中段右端が本人)

1959(昭和34)年 7 月、蓼科で「刑法読書会」合宿研究会
(後列左から、井戸田、佐伯、光藤、藤尾、繁田、前列左から、中川、中山)

1953(昭28)年頃、
飼犬「ゆり」と自宅庭で

1960(昭35)年頃、
奥様と自宅前で

はしがき

佐伯千仭先生は、二〇〇六年（平成一八年）九月一日に逝去された。九八年八カ月の御生涯であった。天寿を全うされたと言ってよいであろうが、佐伯先生に育てられ、佐伯先生の背中を見ながら育った我々としては、率直なところまだまだお元気で、指針を示し、見守ってほしかったという思いを禁じえない。

関西の刑事法学は、戦後六〇年にわたって佐伯先生に育てられ、佐伯先生を「導きの星」として歩んできたといって過言ではない。戦後の法曹界がどうなっていくのか、そして今後の日本がどうなっていくのか、時代の流れに刑事法学者としてどう立ち向かっていくべきなのか、混沌とした現在の社会にあって、常に、佐伯先生であればどう対処されたであろうかと問いかけつつ、暗中模索を続けざるをえない日々である。

佐伯先生の教訓は、決して絶望しないということである。戦前の滝川事件の後、京大に復帰されて再び学生の指導に当たられたとき、戦後、教職追放に遭遇されたとき、そして、法制審議会における刑法改正作業において唯一の反対一票を投じられつつ、これこそが国民の意見であると言われたとき、佐伯先生は、常に、後進の者たちが（あるいは国民が）自分の思いを分ってくれると信じておられたのではないであろうか。

本書は、佐伯先生が御存命中の一九八七年一一月から数カ月にわたり、井戸田侃および浅田和茂がヒヤリングした記録である。その一部は、「刑法改正と私——佐伯先生に聞く——」犯罪と刑罰六号（一九八九年）一三三頁以下に掲載されているが、他の部分については、佐伯先生は「自分が存命中、公表はまかりならん」と言われた。先生が亡くなって五年目の今日、すでに関係者の方々がすべて物故者となられていることでもあり、歴史の真実を明らかにするためにも、先生がここはオフレコと言われた部分を含めて掲載することが、結局は佐伯先生のお心に適っているものと信じ、公表することにした（もっとも、その一部はやはり割愛せざるをえなかった）。

本書の表題のうち「Sturm und Drang」は、一七六〇年代の終わりから八〇年代半ばにかけてのドイツの文学運動を指す名称で、F・M・クリンガーの同名の戯曲に由来し、日本では「疾風怒涛」と訳されてきた。天才の時代とも呼ばれ、若きゲーテやシラーがその代表者で、理性、規則、秩序に対して、人間の情熱、根源的空想力、個性的偉大さを強調する直截で力強い感情移入と創造的天才性こそ、真の文学の基本であり、社会的偏見と宗教的国家的強制からの自由と自決権の確立が、この運動の綱領になったといわれる（平凡社・大百科事典「シュトゥルム・ウント・ドランク」〔長屋代蔵〕による）。この言葉を佐伯先生自身が好んで使用されていたことを想起しつつ、とくに先生の前半生を適格に表現するものとして採り入れた。

表題の「一法律家の生涯（Ein Juristenleben）」は、G・ラートブルフがフォイエルバッハの生涯を叙述した著書、ラートブルフ著作集七（菊池榮一＝宮澤浩一訳）『一法律家の生涯――P・J・アンゼルム・フォイエルバッハ伝――』（東京大学出版会、一九六三年）から、佐伯先生のフォイエルバッハに対する思い入れを示すものとして採用した。

佐伯先生ご他界の後、二〇〇七年二月三日に大阪弁護士会大ホールにおいて、「佐伯千仭先生を偲ぶ会」（司会は松岡正章、浅田和茂）が開催された。その折には、団藤重光先生の「佐伯千仭博士を偲ぶ」など多数の追悼文を掲載した『佐伯千仭先生を偲ぶ会・追悼文集』（非売品）が配布された。この「佐伯千仭先生を偲ぶ会」では、第一部として「追悼の言葉」、第二部としてシンポジウム「佐伯理論と刑事裁判」が行われた。

その内容は、戦後、佐伯先生が育ててこられた刑法読書会の機関誌『犯罪と刑罰』第一八号（二〇〇八年）二四一頁以下に掲載されている。

このシンポジウムでは、石川元也「可罰的違法性と全逓東京中郵事件など」、中川祐夫「責任非難と期待可能性論」、斉藤豊治「死刑論」、光藤景皎「証拠開示」、石松竹雄「陪審制復活と裁判員制度」の報告・討論が行われた（浅田「師に恵まれての出発――通説・師説・自説からの自由」法セミ五二巻八号（二〇〇七年）の「立志」に当日の写真を掲載した）。

右の『犯罪と刑罰』第一八号は、「佐伯千仭先生追悼」号であり、そこには、井戸田侃「佐伯千仭先生をしのんで」、久岡康成「佐伯先生の人と学問――刑事訴訟法における人間観を中心に

――」、浅田和茂「タートベスタント論」、生田勝義「違法性の理論について」、松宮孝明「佐伯刑法学における責任論」、山中敬一「共犯理論」、斉藤豊治「刑法史および刑法思想史研究」、鈴木茂嗣「宮本刑法学と佐伯刑法学」、中山研一「佐伯刑法学と平野刑法学」、光藤景皎「佐伯博士の刑事訴訟法学――実践の中からの理論構築――」、石川元也「刑事弁護士佐伯先生と刑事裁判」、米田泰邦「これからの刑事法と可罰評価――佐伯刑事法学と刑法改正、死刑廃止論――」、石松竹雄「佐伯千仭先生の陪審制復活論」の各論考が掲載されている。

次いで、二〇〇七年七月二九日、立命館大学における日本刑法学会関西部会において、共同研究「佐伯刑事法学の検討」が開催された。

その内容は、刑法雑誌四八巻一号（二〇〇八年）六七頁以下に特集「佐伯千仭博士の刑事法学」として掲載されている。すなわち、浅田和茂「佐伯刑事法学の形成と展開」（七七頁以下に佐伯先生の業績を整理してある）、生田勝義「佐伯刑法理論の思想的背景――その国家像・人間像――」、山中敬一「佐伯刑法理論の現代的意義」、斉藤豊治「佐伯刑法学における刑罰論と量刑論」、光藤景皎「実践の中の理論構築――佐伯博士の刑事訴訟法学――」、鈴木茂嗣「各報告へのコメント」、中山研一「佐伯千仭先生の死を悼む」である。

なお、佐伯先生の蔵書は、立命館大学図書館に「佐伯千仭文庫」として収められている（浅田「佐伯千仭先生の蔵書について」立命館大学図書館『佐伯千仭文庫目録』（二〇〇九年）二頁以下）。

本書の作成に当たっては、ヒヤリングのテープを佐伯＝井戸田法律事務所の中村恵子さんが起こしてくださったものに、佐伯先生が手を入れた原稿を基にしたが、データ化を必要としたため、立命館大学大学院博士課程の松倉治代さんに改めて打ち直していただいた。それを、井戸田＝浅田が、重複部分を整理し、表記の統一を図り、内容に即して小見出しを付けるなどして完成させた。中村さんおよび松倉さんのご協力に感謝するとともに、本書の出版を快くお引き受けいただいた成文堂の阿部耕一社長および土子三男取締役に感謝の意を表する。

二〇一一年七月

井戸田　侃
浅田　和茂

＊　本書の最終校正段階の二〇一一年七月三一日、佐伯先生・平場先生亡き後、刑法読書会の活動を長く支えてこられた中山研一先生が逝去された。七月一日に著書『佐伯・小野博士の「日本法理」の研究（刑事法研究第一四巻）』（成文堂）が発刊されて間もなくのことであった（同書五六頁以下に本書一五〇頁にある「追放の判定を駁す」の全文が掲載されている）。なお、本書の滝川事件および戦前・戦後の京都大学の動きについては、伊藤孝夫『滝川事件』（ミネルヴァ書房、二〇〇三年）および松尾尊兊『滝川事件』（岩波現代文庫、二〇〇五年）により若干の補正を行った。

目次

ヒヤリングに先立って（一九八七年一一月）

井戸田　侃
浅田　和茂

佐伯先生は、一九八七年一二月一一日満八〇歳を迎えられる。

先生は、戦前、戦中は刑法学者として、戦後はさらに弁護士としても活躍してこられたが、常に、時代の流れに立ち向かってこられた。戦前、刑法学者自体が少ない時代における研究者としての出発、滝川事件（昭和八年）を経て、戦時中、京大教授として過ごされた当時の諸困難、戦後、日本国憲法の下で研究者かつ弁護士として再出発され、多くの後輩を育ててこられたことなど、八〇歳の御誕生を機会に、思い出されるままに語っていただくことにした。とりわけ、時代の流れと研究者の対応という観点を中心にお伺いすることにより、現在および今後の研究者のあり方についても、貴重な示唆を与えて下さるものと考える。それは、たんに先生の個人的な思い出というよりは、先生の目から見た大正、昭和の歴史であり、同時に、日本の刑法学の歴史でもあるといえよう。

また、とくに佐伯先生から直接指導を受けた関西の刑事法研究者のほとんどにとって、佐伯先生のお考えや思い出を伺うことは、同時に、直接、間接に先生との関わりを再認識することになるばかりでなく、さらにその指導を受けた若手研究者にとって、その師の原点を理解する縁《よすが》になるものと思われる。

I　幼年時代・少年時代

《お名前、郷里》

― 先生は、明治四〇年（一九〇七年）一二月一一日のお生まれで、丁度、現行刑法と同一年齢ということになりますが、まず、千仭というお名前の由来からお聞きしたいと思います。「センジン先生」と呼ばれることも多いように思いますが。

● 千仭という名前は、御承知のように、獅子が千仭の谷へ子供を落とすという故事にならってつけられたものです。

― 先生は、熊本県上益城郡木山町大字宮園にお生まれとのことですが、どのようなところだったのでしょうか。

● 私が生まれた木山町というのは、熊本市の東方三里で阿蘇山との間の平野の中の小さい田舎町です。一里近く南の方に船野山という山があり、その奥に飯田山があり、その二つの山の手前に川が二本流れていて、手前の木山川が町の南を流れている。町の北側は高遊原という高台の畑地が広がっているという所です。町は横向きの丁字型になっていて、縦1の字のところが上町、下町とに分かれ、横の辺が横町とかいっていたようで、坂になっていて、その坂になる辺りから西に入ったところが私たちが住んでいた宮園という部落でした。町の東の低い土地は昔、木山禅正という大将が城を築いていたということで、子供の頃、こわごわ歩いた記憶があります。

—先生のご兄弟は。

●神戸大学を出た兄貴と京大を出た次の兄貴と、私の三人、これは男ばかりですよ。それと姉がおりました。

—幼年時代、小学生の頃はどんな少年でしたか、その後も変わらない性格といったものがございますか。

●私は三男坊主で子供の頃は本を見たり絵を描いたりして、家の中ではおとなしかったようです。兄達に圧迫されておとなしかったのでしょうが、一旦外に出ると喧嘩坊主で、母親が文句を言われることもあったようです。小学校でも悪戯がひどくて、男女共学の一クラスでしたが一番になったことはないのです。しかし、五年生の頃から、担任の先生（河口先生）の影響で急に勉強するようになり、年上の子に連れられ、三里離れた熊本市まで出かけて参考書を買ってきたりして自分で勉強するようになった。

《親父は町長》

— 先生のご両親は、先生がお生まれになった当時はいかがでしたか。

● 木山町という田舎町で、当時、人口が二千人くらい、親父はそこの町長をずっとしていましてね、もう何十年とやっていました。それで、私は、自分のうちは町長の家かと思っていました。私が小学校の六年生の頃、親父はすっかり安心して、町長選の最中に四国かどこかに視察旅行に行っておってね、その留守の間に反対派にひっくり返されて、落選したのです。

— 当時から、町長は選挙で選ばれていたのですか。

● 選挙です。町議会の選挙なんです。しかし、いつも絶対多数でね、三〇歳前後から七、八期もやっていたのです。それですっかり安心して旅に出たらその隙にひっくり返されたわけです。その頃は政友会の政府でしたが、私の家は昔から国権党で、それが憲政会、民政党と流れてきていたので、県知事あたりからも当時敵役として狙われていたらしく、裏をかかれて落選したという次第ですね。その町長選挙の翌日、学校へ行くと、友達に「あんたところのお父さんもう町長でなくなったね」と言われてびっくりしたんです。そういうこともあるのかと思ってね。きょとんとしておったらしいです。

— お父様は、それからまた選挙に出られたのですか。

● その後間もなくして、三男の私が中学の済々黌に入学するし、兄達は全部上の学校に出てしまっていたから、一家を引き払って熊本の町に出たのです。それからずっと熊本市にいました。

《親父とキリスト教？》

― ご先祖はどうですか。西南戦争で何かといったことはなかったのですか。

● 母方の方はそういうところもあるんですよ。しかし、親父の方はそういうことはなかったと思います。むしろ、親父は、五箇荘の手前の柿迫という村の出で、平家の一族を無事に五箇荘に逃がしてやったという言い伝えを自慢していた家の二男でした。子供の時分は鏡という町の漢学の塾で勉強したらしく、警察官になりました。当時、木山の警察に勤めている時分に同僚になった伯父――近村の神主でしたが――の妻の妹、つまり私の母と結婚しました、そこに引き止められて町長になったようです。その親父が、私が大学を出た時分に「これは俺が若い時に読んだ本だが、お前にやろう」といって新約聖書をくれました。

― お父様が若いころといわれると明治の初期ですね。

● 明治のごく初期ですね。非常に若い頃のものです。それでも決して自分でクリスチャンだとは言いませんでしたが、後で考えてみるとキリスト教に引かれていたのかなと思いますね。私の母は、その母つまり祖母がお寺の方からきていた関係で、熱心な真宗門徒だったので、親父もそれに強いて反対するような態度をとったことはなかったのですが、自分の口から「南無阿弥陀仏」と言ったことはありませんでした。臨終のとき――六九歳で亡くなったのですが――、母親が「いよいよ最後だから南無阿弥陀仏とおっしゃい」といっても、「うん、分かった分かった」というようにうなずくだけで、とうとう言わなかった。不思議な人だなと私達は思ったのですが、後で遺言みたいに私にくれた古びた新約聖書と思い併せてみると、何か思い当たるような気がしたのです。親父の若い頃はまだキリシタン・バテレンの禁制の後遺症が残っていた時分で、余り声高には言わなかったんでしょうかね。

そういえば、若い時から引っ張り出されて町長になった後も、例えば、当時、暦を旧暦から新暦に変えなければならなくなったとき、一騒ぎあったらしいのです。大体、農村の農耕生活には旧暦の方が合うんですね。それを町役場の方で新暦に替えるというので、農家では大反対で、そんなことをしたら祟りがあるとかで大変だったらしいのです。それに対して、親父は、「もし新暦に改めたら祟りがあり罰が当たるのならば、それをやらせたのはこの町長だから、私がまず神罰を被るはずだ、私にさわりがない以上、あんた達に祟りがあるいわれはない。私が祟りを蒙って死んだら、そのときのことにして、とにかくやろうではないか」といって、それをやってしまったという話でした。後から考えると、本人には何か信仰に根差した信念でもあって押し通したのかな、と思ったりしました。

《佐々克堂と済々黌》

― 例えば、お父様の政治的な考えが先生のその後の生き方に影響があったというようなことはございましたか。

● 父は佐々克堂の率いた国権党の党員で、その地方の責任者だったようです。町長の職もそんなところに関係があったのでしょう。その佐々克堂の起こしたのが済々黌ですが、私ら兄弟は皆そこに入れられました。この済々黌という学校の歴史はすこし変わっているんです。

克堂は、維新後、廟堂を去って野に下った西郷隆盛が起こした明治一〇年の西南の役に同調して池部吉十郎らとともに熊本隊を結成し、西郷軍と一緒に戦ったのですが、戦に敗れ捕われて降伏した後、池部等の主だった人達は皆切られました。克堂は、始めからの参謀で、事前に薩摩に連絡に行ったり、実戦で中隊長として動いたのですが、まだ二三歳か二四歳でした。隊長の池部あたりがかばってくれたということもあったのでしょうが、命だけは助かって一〇年の刑に服するのですが、途中、病気で赦免となったのです。

しかし、熊本隊だけでも三〇〇名近くが死んでいますからね、たとえ赦免になっても、多数の郷党の人達を死なせた自分達が、世の中に出て表立った動きをすることはできない。赦免されて郷里に帰ってみると、すっかり焼け野原で、少年達が皆教育を受けるところもなく途方に暮れているのを見て、同志と図って、せめて後から来る子弟を教育して国に役立てようという考えで小さな塾を作ったのです。それが「同心学舎」ですね。この同心学舎に学ぶものが段々増えて、それが後の済々黌となったのです。

それが非常に盛んになって、熊本の教育を代表するような形になってくるんです。現在の熊本高校、以前の熊本中学は、第二済々黌と呼ばれた済々黌の分校で、同様な分校が、八代、鹿本、天草などに設立されていったのです。後に学校制度が整うにつれて県立の中学校を設けようということになったとき、第二済々黌以下を全部県に寄付したのです。まず八代分校が県に寄付され、やがては全部県に寄付し、本校だけを私学として残しておいたけれども、その本校も最後に県に寄付され、これだけが今日まで済々黌という名前を残しているという次第です。そういう学校に私ども兄弟全部放り込まれて育ったわけです。

佐々克堂は、友房という名前ですが、後にはやはり政治に引き摺り出されて、紫明党という政党を作り、それが国権党となるのです。国権党は、大陸進出を主張し、克堂の弟子の安達謙造——この人は後で内務大臣になりますが——等は、韓国と日本との友好に反対し、清国と親密だった当時の韓国皇后閔妃《ビンヒ》という方を、併合の邪魔になるというので、韓国の宮廷に侵入して殺害するというような乱暴な行動に参加していました。もちろん日本で逮捕され処罰されてはいますがね。それらもやっぱり代議士か何かになっています。

そういう今日からいえば保守反動の本拠のような済々黌で、私も中学教育を受けたんです。私達の周囲は、済々黌に行かなきゃ人でないというような雰囲気でしたね。

《横井小楠》

● それともう一方で、私の郷里のすぐ隣に沼山津という村がありましたが、そこは実学派の指導者だった横井小楠（一八〇九—一八六九）という明治維新のリーダーが住んでいたところでした。この人は、後に明治維新政府の大官になりましたが、攘夷派に暗殺されました。私の少年時代は、小楠先生といって大変尊敬されていた。

横井小楠の立場は、先の国権党とはまた別です。彼は、非常な開明派で、非常に秀才だった。明治維新になる前に、熊本藩には学校党と紫冥党という学派がありました。小楠は、藩校には反対の実学派だった。小楠は、ヨーロッパの勉強をしたりして非常に進歩的、開明的な思想の人ですね。それが、この藩の官学を非難するというので、謀反人扱いされた。謀反を企てたという擬〔偽〕造文書を作られたり監禁されたり酷い目にあっているんです。その人の子孫が農学博士で、東大の教授をした人ですが、この人がやはりキリスト教です。

そういう雰囲気があって、勤王と開明と、そういう両方がごっちゃになったところで訳が分からんようにして育ったんですね。だいたい私にはそういう二つの要素が確かにありますわ。菊池一党は南朝に忠節を尽くして結局皆滅びるんです。筑後川の戦いで、足利尊氏方の大友の大軍と決闘して勝利を博してはいるけれども、最後は一族皆死んでしまう。母親の方にその菊池の血が流れているかどうかは知らないが、そういうこともあって勤王派でなければならんとかいうことで、複雑怪奇なんですよ。そういうところで育つから私は、子供のときから非常に複雑な性格になったと思いますね。

《喧嘩大将の頃》

— 小学校の頃はどのような時代でしたか。

●私が小学校に入ったのは大正三年から四年の欧州戦争の時期です。やっぱり、日本は連合国だから、ドイツは非常に極悪非道の民族のように言われていた。イギリス、アメリカの戦時中の宣伝というのはすごかったね。まだ覚えていますよ。戦争画報などが来るので、日露戦争の画報から欧州戦争の画報までずっと家にあった。それを朝な夕なにみておったけれども、欧州戦争の画報も毎月送られてきましてね、それにはドイツ人は、敵の連合国側の戦死者の死体を材料にして石鹼を作っておるとかね、そういう宣伝までしたんですよ。

だからドイツは極悪非道だというように小学校の子供達も言っていた。私は、それに対し、そんなことはない、ドイツがそんなことをするわけがないと、——これは兄貴たちの受け売りですわ——、たった一国で世界中を相手にして頑張って中々負けんじゃないか、日本なんてあの真似ができるかと言って、孤立無援になり袋叩きにあった。とにかくそういう実に複雑な思想的な雰囲気の中に育ってきたのでね、つむじ曲がりなところもあり、そういうのがやっぱり現在も全部自分の体の中に混在しておるように思いますね。

——戦争の話から喧嘩になったこともあったのですね。

●それもありますが、隣村との間で子供達はそれぞれ支配領域があるんです。ところが飯田山という山に登るときはよその村を通らなければなりません。子供達が会うと、平和なときはいいけれども、どうかするとすぐ石合戦になる。そういうときも、いつでも喧嘩大将でね。とにかく男女の区別なく乱暴狼藉をしておったらしいですわ。

母親がね、御宅の坊やが学校に行くからもう学校には怖くて行かんという女の子がおるということを言われて、あんたは一体学校でどういうことをしておるのか、とひどく叱られたことがある。女の子には一切手を出してはならんと言ってね。先生に言われて女の子が隣の席に座ると「あっちへ行け」というようなことを言っておったんですね。

――腕白だったんですね。

●いやもう、どうもこうもならんですね。

――それは田舎の小さな小学校のことですね。

●そうです。一クラスしかない。男女で五〇人くらい。一番になったことはない。やはり五番か六番です。それで兄弟の中では、兄達や姉はみんな良くできてたらしい。私は兄弟の中で、低能と言われていた。東京にいる長兄なんかは私のことを「おい、低能」と呼んで名前を呼んだことがなかった。

――それが大きく変わられたのですね。

●小学校の四年か五年のときに、河口先生という先生が来られてね、若い先生で剣道の達人だといわれた。その先生が別の田舎の学校に勤めていて、そこで娘さんと恋をして恋愛結婚をされ、問題になって、私たちの木山の小学校に来られたのかな。だから、一部の町民はその先生を白眼視したらしいけれども、なかなか厳しいが良い先生だった。剣道の達人でね、「デデーッ」と腹に染み透るような号令を掛ける人だった。

その先生と僕は、なんかこう肌が合ってね、悪戯小僧がその先生の暗示で、自分で勉強するようになった。人に言われてやるのじゃだめだ。何でも自分でせんといかん、どういう時間割を立てて、どういう生活をするか自分で決めてやらなければならんと、おだてられたんでしょうね。それからやる気になって、毎朝五時に起きて勉強する、夜も七時から九時まで勉強するという規則を自分で立ててね、先生にそうすると約束してそのとおりに実行したのですよ。だから、それで中学校に入ったりするのは、わりあい楽だった。そのように小学校の五年頃から勉強するようになったが、それでも一番にはなっていない。

田舎ではなかなか中学までは行かんのですが、たしか三人中学の試験を受けました。一人は商業学校、一人は熊本中学校、一人は済々黌で私です。結局、その商業学校に入ったのと私が済々黌に入っただけで、もう一人は合格しませんでした。その頃は、中学校に三、四人も受験したらいいほうでしたね。高等学校、大学に行く家なんてあまりなかったですからね。こんなふうに欧州戦争の最中に小学校を経過しました。

《読書、父の本棚》

— その頃読まれた本というのは、先の画報の他はどのようなものでしたか。子供の本とかはありましたか。

● 「日本少年」とか「少年世界」というのがありました。そういうのは兄達が取っていましたから、むさぼり読んだけれども、すぐ読んでしまうからね、親父の本棚まで探して、読むものがないと漢文の本まで読んどったですよ。「幼学提要」とか何とかいう和訳した難しい本もありましたね。その中にはいろいろありましてね、分からんけれど読んでおると何か調子がいいんですよね。

白鳥正吾（?）博士の「イリアード物語」の訳だったかな、それが古事記なんかと同じような難しい文章で書いてあるんです。それに妙な、ヘリクレスとかアガメムノンとかいう勇士の絵がたくさんあってね、子供には難しくてしょうがないけれども、退屈なときは何かというとそれをひっくり返して読んでいた。後で考えるとそれが「イリアード物語」だったんだなと思ってね、分からずにそういうものを読み返しておりました。

それから、親父のところに「乃木式」という薄っぺらな雑誌が毎月来るのですけれどね、当時は、乃木さんをみんなが非常に尊敬しておったんですよ。だから、生活も乃木式の生活をせねばならんというので、そういう本が毎月送ってきたが、それが大変面白いんですよ。子供にもそれは大変面白かった。その中身は乃木さんの話よりも、西郷南州の話が多かった。それを読んでいてね、大変よく覚えていますよ。

特に西郷南州が偉かったということでいろんな話があったけれども、私が一番感心したのは、南州は大きなおじさんで、脂ぎっていた。その西郷が町の風呂に行って、中々風呂に入らない。それでお弟子さんが「先生、はやく風呂に入らないと風邪ひきますよ」と言うと、南州は「わしのような大きな身体で脂ぎった奴がこのまま入ったら、皆さんに迷惑がかかる。だからよく洗って、皆さんが上がったところで入れて頂く」と言ったというのです。子孫のために美田を買わずというだけではなくて、あの豪傑にそういう心優しいところがあったというのがね、僕は、大変いい人だなと感心した。

僕の精神生活というものは、子供のときのそういう雑学、雑誌あるいは乱読で、一つの型が決ってしまったような気がしますね。非常に偏狭なところもあるし、非常に寛大なところもある、それらが矛盾したままで統一しておらんのですね。

《済々黌の三綱領》

―解明主義と国粋主義ともろもろのものが合わさっていたのですね。

● それがね、さらに中学の済々黌に行くと、今度は三綱領というのがあったのです。略すと「清明」「仁愛」「剛健」です。私は一年坊主のときから、これを本当に自分の理想だと思っておりました。まず「剛健」でなきゃいけない。次に「清明」でなきゃいけないし、しかも「仁愛」を忘れてはいけない、そういうことを叩き込まれた。昔の中学の先生というのは偉かったですね。子供にそういうのを打ちこんでくれましたからね。

小学校から中学校に入ったらすぐに、一年生の修身は校長先生が直接担当するんですよ。その校長先生というのが、井芹先生といったが、県知事より偉いといわれた人でした。見たところも立派な方で、自宅から必ずお抱えの人力車で出勤していた。服も先生だけは黒の詰襟で、それが乃木大将をもっと大きくしたようで、鶴のような本当に立派で綺麗な先生でした。それが一年坊主の修身を担当するでしょう。大体、教壇の上に先生が現れるともう私たちは深刻になるのね。その先生が、「諸君は済々黌に入ったからには紳士として扱う、これから諸君は紳士である。だから紳士として振る舞わなければならない」そういうように紳士として待遇すると言われて、私たちは大変喜んだんです。俺達も偉くなったもんだとね。ところが紳士として扱うというのは、自分のことは自分で責任をとれということで、むやみに人の助けを借りたり、人に迷惑をかけてはいかんということだった。本当に忘れ物まで厳しかったですね。

— 忘れ物は取りに帰れということだったのですか。

● 実際には友達に借りてごまかしたりしましたがね。しかし、やっぱり本当に厳しかったですよ。

《済々黌の教育》

— 当時は下宿しておられたのですか。済々黌での教育はどんなふうでしたか。

● 叔父のところにいましたが、一年後に父親も熊本に出てきましたから、その後は家族で一緒に住みました。

普通の国定の教科書の他に、済々黌で独自に作った別の教科本があって、「多士読本」という本でした。済々たる多士という漢語がありますね、立派な侍がたくさんおるという。その済々たる多士のいる学黌ということなんですよ。学校の雑誌も「多士」というのです。ここには済々たる多士が育つんだということでね。そこに開校以来ずっと使ってきた教育の本があって、それを毎日必ず読むんです。

一年のときは菊池一族が南朝と運命を共にしたことを書いた本でした。それを読ませて、そして菊池に連れていって、菊池一族はこの山で何をしたとか、この池で血を洗ったとかね、そういうことをその場で現場を示してくれる。そのうえで、筑後川で菊池が大友の大軍と戦って撃滅するときの詩がありますね、筑後川の詩というのがね、私どももそれを暗記していたけれども、それを漢文の先生がそこで朗読してくれるんです。やっぱり感動しますよ。

その次の年が加藤清正かな。加藤清正というのは、我々には猛将ではなくて、いかに立派な政治家であったかということが際立っていましたね。熊本の川は現在、氾濫せんのですよ。加藤清正は、あそこに二、三〇年しかおらんかったですが、その間に氾濫する河川を全部治水工事をして、そのままにしておけば決して洪水にならんようにしたのです。水が急激に当たるところには石の跳ねを作って、水の力を弱くして堤防が崩れないようにしたり、くねらせたりしてね。そういうことで、農民は今でも清正公さんといいますよ。清正公を祭ったほこらを作って農民は祭っていた。その後、加藤家が滅びてから、細川家が三〇〇年支配したのですが、農民はやっぱり清正公さんでしたね。

そういうことを叩き込まれるから本当にやっぱり古色蒼然たる少年に育って仕舞いますね。

― 武士道ですね。当時の時代の現れでしょうか。
● そうでしょうね。済々黌は確かに、剣道、柔道、水泳これは必須なんですよ。剣道でも柔道でも、冬はもう、必ず寒稽古というので、暗いうちに召集されて、遠いところでも逆らわず出てきてやらされました。
― 済々黌での寒稽古が、後々の刑法読書会の寒稽古に繋がったということですか。
● そうそう、集中勉強会ね。この寒稽古も大体は道場でやるんですがね、最後には集合撃剣というのがありました。全校生徒が二つに分かれて、東と西と大きいのも小さいのもみんなごっちゃで、面などを付けて校庭でやりあうんですよ。もうどこを殴ってもいい、小さい奴は大きい奴に追い回されるので、わたしら小さい奴らは五、六人かたまっててね、大きい奴を後ろから叩いたりね。もう、どこから叩いても分かりませんからね。あれは凄まじかったですね。それが済々黌の後年の名物になって、宮さんが来たりしたらお目にかけておったらしいです。しかし当時はたまらんかったです。やはりそういうことが良いと思っていたんでしょうな。

《質実剛健の気風》

― 当時の中学校の教育はどのようでしたか。
● 英語は必須でしたね。科目は今とほとんど違わないでしょう。物理、化学、代数、幾何。
― その他、今も思い出されるような先生や出来事などはございますか。

●そう、新風連の生き残りの――といってもその子供さんですが――先生がおりましたね。厳しいけれどもワクワクさせられる。みんなその先生は好きでしたね。

― 立身出世を夢見るといったことはなかったのですか。

●そういうことはなかったですね、質実剛健、恥ずかしいことをするなとね。それは、特に私の母親がね、非常にそういうことにやかましかった、嘘を言ったり卑劣なことをすると厳しかった。小さい子供の時から、相手方の目を見てものを言いなさい、嘘をついている者は相手方の目を見れないといってね。あんたもお母さんの目を見て話せんときは必ず心にやましいことがある。じっとお母さんの目を見て話しなさいとね。本当に、悪いことをして叱られると思ったり、暴露しないかと思ったら、おろおろしますわね。

《友人》

― 中学の同級生で今でも行き来されているような方はいらっしゃいますか。

●中学四年生で私は高等学校に入りましたので、皆と別れてしまうんですね。しかし、今でも家に来るのがいますよ。野原君という中学の同級生で、腕っ節の強い男だけれどもね、この人は一生浪人で、戦時中は満州か上海あたりで軍の情報部か何かで働いていたらしく、非常に筆の立つ男で、そこでも何かそういう出版関係のことをやっておったらしいです。戦後、日本に帰ってきて、とにかく京都というのは焼けずにそのまま住民が生き残っているというから佐伯も無事でいるだろうと、やって来た。とんでもない格好をしておるので、確か、私の洋服を着せて東京の方に行かせたりしたことがあります。そんな格好しているけれど昂然としていてね、私の家の裏庭が戦時中畑にして野菜を作ったりした鋤や鎌が錆だらけになっているのを見つけて、生活を助けてくれるものをこんなに粗末にしてはいかん、と叱りつけて、ピカピカに磨いたりしてくれましたね。それが、今でも夫婦でやって来てくれたりすることもあります。その友人などは、いい加減に隠居しろ、いつまでも難しいことをせずに悠々自適せよ　という忠告の手紙を年に三度くらいは呉れますけれどもね。

四年終了で当時の済々黌から五高の文科に入ったのは何人おったかな。四、五人はおったでしょうね。それらはみんな、もう亡くなってしまって、理科へ行った高山君というのがひとり残っているくらいです。

《高校受験》

— 当時の中学は五年制だったと思いますが、四年で高校に行かれたのですか。

● 五年制でしたが、四年終了で受験資格があったんで、四年から飛んでいくわけです。五年が正規です。中学にも小学五年から受験資格があるというときもあったかも知れません。もっとも我々のとき熊本ではそういうことはなかった。

五年が普通です。五年でなきゃやっぱりいけませんな、中学四年では、確か、代数、幾何だけで三角関数などは教えてもらっていません。高等学校に入ればそれを前提にした高等数学だから、四年で修了の人には、ちんぷんかんぷんになるわけですよ。

― 中学を卒業したことにはならないのですね。中退ということですか。

● そうです。だから卒業式には行かなかった。小学校は、中退ではないけれど、私は確か六年生の総代で――小学校の成績は悪かったのに何で総代にされたのか分かりませんが――尋常小学校で高等科の卒業生を送る送別の辞を述べさせられた覚えがある。しかし、そのときは私は、もう済々黌に入学したことになっていたので、妙な形で落ちつかなかった覚えがあります。

II　第五高等学校（五高）文科乙類へ

《五高文乙に》

―大正一三年（一九二四年）に、一七歳で第五高等学校文科乙類にご入学ですが、文乙を選ばれたのはどうしてですか。

●兄がね、文乙だったんですよ。文乙が一番いいというものだから、もう無批判に従ったんです。外国語がドイツ語なのが文乙、英語は甲、フランス語が丙でしたが、フランス語の丙がある高等学校は割合少なかったですね。

―理系に行くことは考えられなかったのですか。

●私は、本当は理科と自分では思っておったのです。数学なども好きでしたし、医学部に行こうと思っておったら、知り合いの六師団の軍医部長さんが、近所に住んでいましてね、その人といろいろ話をしていたら、「医者にだけはなるな、僕が忠告するから法科に行きなさい、医学部ではどんなに勉強してもおじさんが良い見本で、いつまでも法科の奴に押さえつけられることになる。だから、医科には行くな、法科に行きなさい」ということだったんです。

《大正末の雰囲気》

― 当時、世の中の動きについては、どのように見ておられましたか。大正デモクラシーの影響といったようなものはありましたか。

● 私は、大正一三年に五高に入ったのですが、その頃は本当はまだ中学生坊主で、何も世の中のことは分からなかったのですよ。大正デモクラシーというのは、欧州戦争の後ですね。

小学生の時に、田舎に育ったので、皆は「さん」付けで呼んでくれるんですが、五つ年上の兄が学校に行くことになって、友達から「佐伯」と呼ばれたということで、それを長兄が大変叱っていた覚えがあります。それは、「お前が駄目だから、皆に軽蔑され、呼び捨てにされるんだ」というのでしたが、考えてみるとちょうどその頃から皆平等だという意識が非常に強くなってきたのだろうと思います。私は、小学校でもいたずらをして叱られてばかりでしたので、余り自分が偉いと思ったことなどはありませんでしたがね。

中学に入ったとき、済々黌というのは昔風の学校だから、生徒達は皆学校に行くときはゲートルを巻いて行くんですね。私達は、むしろそういう古風なところに憧れておったんです。ところが、私が中学に入った頃、校長先生――先にお話ししたように井芹先生という大変偉い先生でしたが――、この校長が外国を旅行して帰られて、一番にやったことがゲートルの廃止でした。一年生の修身の授業でこの校長先生から「本校の生徒は紳士である」と言われて嬉しかったのですが、それは自分のことは自分でやるということだったわけです。ゲートルを外すという外形的なことは緩やかにしましたが、自分の責任は自分で取りなさいということで、実質は厳しかった。それなどは、大正デモクラシーの下で、非常に良い教育をしていただいたんだろうと思います。

《五高社会科学研究会》

― 五高に入られてからはいかがでしたか。

● その頃に社会科学研究会（社研）が発足して、五高にもそれが出来ました。先輩にどうしてもと説得されたのですが、初めは入らなかったのですよ。最初は、マルクス主義を一つ批判して、克服してやろうと思って接触しはじめたのですが、段々やっているうちにミイラ取りがミイラになったのですね、そういう時代でした。

社研で、それまでの自分の考え方がいかに間違っていたかということ、貧しい人達を犠牲にして、その上で胡坐をかいておるという生き方――但し私の家は貧乏でしたけれどもね――、そういう生き方に対する批判が大変新鮮でした。一辺批判してやろうと思ったのですが、いつの間にかその中に入ってしまっていましたね。

― 大正一四年は、治安維持法が成立した年ですね。

● この治安維持法がでてきて、確か軍事教練が始まる、高等学校二年の頃かな、体操の先生は軍人さんが多くて、銃剣等をもって、秋には野外演習をしておったんですね、それが楽しみでした。けれども現役将校が配属されて、その人達が、高等学校の学生にも軍事教育を始めたのです。しかし、皆なかなか言うことを聞かないんです。軍人さん達も迫力がないのですよ。軍縮てなことですかね。軍隊は減らしたらよいと社会体制がそうなっておるものですから、強引にいろんなことができなかったんですね。だから、学生もなめて右向けと言うと左を向いたり、下駄を履いて教練に出てきたりして、現役将校の配属将校が、頼むからちっと真面目にやってくれという状況だったんです。

高等学校三年の末頃に、確か社会科学研究会は解散を命ぜられました。その前に熊本の市電がストライキをやったんです。市電が出来たばかりでね、労働者を集めてその人達に、五高の社研の先輩達が働きかけたんですね。そして市電を止めたんです。私は、訳が分からんですが、尻にくっついていったこともあります。社研は五高だけではなく、全国の社会科学研究会が燎原の火のごとく広がっていました。本当にすばらしいものだと思ったですね。

《思い出の人々》

― 当時の知り合いの方でとくに記憶に残っておられる方はありますか。

● 五高時代の社研をやっていた者は、殆どみんな処罰されたのですよ。さきの市電のことでも私らはチンピラだからきつく叱りおく程度で済んだけれども、数名は放校になりましたね。その中の一人で松本聡一郎というのは、後で共産党の統制委員になり、戦後もまだ元気で、翻訳をしたりしていました。他の多くの人達は亡くなりました。

五高で一緒だった人といえば、病気で一年遅れていた三浦次郎というのが同じクラスだった。弁護士になって活動していましたが早く死にました。それとは関係がないですが、五高の陸上競技で砲丸投げなんか等の全国の優勝者だった人がいます（納富義光さん）。今でも京都の一番長老の弁護士です。この人は運動ばかりしておったから大学卒業後一年で司法試験を受けて合格した時は、皆に驚かれたくらいでしたね。

それから、戒能通孝君が隣のクラスでした。同級で同じ学年の三組でした。熊本の肥後銀行の頭取になった横山次郎という人も戒能君と同じクラスでした。

社研の関係では平木謙一郎という人がいて、それは秀才でした。東大に行って、本来残るべき人だったのでしょうが、家庭の事情で就職して住友に入って、死ぬ前には住友系の大きな会社の社長になりました。山口進というのも社研の闘士でした。藤木君というのも東大を出て弁護士になりましたが亡くなりました。これらは左翼でしたが右翼もおったと思います。

満州国を作るのに関わったりした人もおりますね。今吉均というのが満州国の大官でね。ずっと抑留されて戦後帰って来たのをお祝いしましたが、二、三年前に亡くなりました。

《当時の世相》

― 当時の世相はいかがでしたか

● 右翼も左翼もおったけれども、私らのときは、見解の相違が有るので、議論をしたりしても、それでどうってことはなかった。しかし私らが卒業した後頃か、右翼が暴力化してきました。特に京都大学に暴力的な右翼の流れがありましたね。

その右翼の五高の卒業生が熊本まで行って、後輩の社研の幹部を五高のグランドに引っ張り出して、制裁を加えて怪我をさせたことがあります。その後で京都大学の五高関係者で、そいつらを糾弾したことが有りましたね。そういう時は、おとなしいんですよね。しかし、その頃から右翼が凶暴になったんですね。

― その事件はいつ頃のことですか。

● 昭和三年です。社研がやられ、右翼的なものが出てきたわけです。右翼には、東光会というのがありました。大川周明が五高の先輩で東光会に入る者が多かった。しかし、私らの頃はむしろ精神修養が中心で、その頃は漢学を学んで山の中に入って静かに瞑想するという風でしたが、その後だんだん暴力的になってきたようでした。

― 社研は解散させられたということですが。

● 五高では、熊本の市電のストライキをやった三年の卒業する前くらいに解散させられました。しかし、昭和二年に京大に来ると、京大の社研はまだ健在でした。大学の方はつぶせなかったんですね、まだ活発でした。

——五高時代は、やはり語学の勉強が中心でしたか。

《ドイツ語の勉強》

● 高等学校というのは、語学学校だったですね。入ったら、いきなり、ドイツ人の先生が出てきて、ドイツ語でベラベラ喋るんです。言われても何のことか分からないが、そうして慣らしていくんですね。毎週十何時間かドイツ語でいじめられた気がします。一日の内二、三時間はドイツ語なんです。一つのクラスにドイツ語の先生はドイツ人と日本人が二、三人いたと思います。

私の一年のときの担任は、児嶋伊佐美というドイツ語の神様みたいな先生でした。児嶋先生の書かれた、ドイツ語の教科書があるのですが、それがこんなに厚いんです。それを一学期くらいで全部終わってしまうんですね。それを全部暗記させるんですね。パッパッとどんどん進んで行って次の時間には、みんなに当てていくんです。困ってあれこれいって見ても、イイエ、イイエと云って決して教えてくれないのです。

とにかく、優しいが強引で落伍した人もいました。ついていけなくて、友達の中に一人、行方不明になった人がいました。私と親しかった上阪君という人で、その人は休んだ後で来なくなりました。そういうわけで、落第が多かったのです。一クラス四〇人が一緒に入っても出る時には、一緒に入った者は一三人か一四人でしたね。病気、特に腸チフスで落ちる人もいるし、とにかく落ちるのはむしろ当たり前でした。落第ということは高等学校では何ら恥じることではなかったですね、みんなできる人ばかりが入ってきているでしょう。ですから、落第した人でもちょっと勉強すると一番になったりするんですよ。だから留年ということはちっとも問題ではなかったんです。

高校時代は、討論、議論が中心でしたね。研究会でも、私は家から通っていましたので、余りいろんなことをやらされませんでしたね。向こうも遠慮して余りさせないのですよ。市電のストにはひょこひょこついて行ったけれども。中学の時は数学が好きでしたが、五高に入ったら、ドイツ語をやらなければ仕方なかったし、ドイツ語に力を入れましたね。

《ブハーリン『唯物史観』の翻訳》

―ここに、ブハーリンの『唯物史観』の翻訳がありますが、裏に「大正一五年六月一八日夜、五高、佐伯千仭」と署名があります。本の中の「伏字」の部分が全部手書きで翻訳されていますが、ドイツ語の原文を読まれたわけですね。

● 当時は、高畑素之さんの資本論の翻訳があり、河上先生の社会問題研究とかいろんな本が有りましたが、やはり、原本を読まないとわからないこともあって自分で共産党宣言を訳してみたりしました。次兄が京大におってやはりその気があって、宇治あたりの農民組合の仕事をやっていたらしいのですが、それが休暇にはいろんなドイツ語の文献等を持ってくるんです。ボロボロの共産党宣言を持ってきて、ドイツ語の勉強ならこれ読め、とかというんです。負けん気になって高等学校の二年くらい頃に一夏かかって翻訳した記憶があります。名文でしたね。「ヨーロッパの天地に妖怪が徘徊する。共産主義の妖怪である」という。ドイツ語で読んでいましたが、しまいに日本語に翻訳したくなる。翻訳したのがどこかにあるはずですがね。その後、姉の家に危険な本類を預けたりしたことがあってね。それも水害でなくなってしまったんでしょうね。そういうことがあって、ブハーリンの唯物史観のドイツ語訳を兄が持っていたんです。それを家に帰ったときに、そのまま置いていった。この本は、その後どこに行ったのかわからなくなっていたんですが、戦後、京大の学生寮にあったといって、戦後寮の世話をしていた磯君が届けてくれました。戦時中ずっと寮に隠されて読まれていたんですね。

皆さん、伏字なんて実際余り見られたことはないでしょう。その日本語訳の本は、何ページも××の伏字になっているんですね。これをドイツ語の本を翻訳して合わせていくと、ピタッと合うんです。その訳書はドイツ語からの翻訳ではなくてロシア語から直接翻訳したものだったのですがね。それがピタッと××の字数と合うんです。五高でドイツ語の勉強をしておる頃は、もうこのようなことは御茶の子さいさいでしたね。仲間の社研の連中は殆ど皆東大を受けましたが、受験勉強などしたことはないでしょう。しかし語学はみんな良くできた。

《イプセンの「人民の敵」など》

── その他、印象に残っている本などはありますか。

● 中学時代には、西洋の文化に引っ張られて、図書館でそういう物ばかり読んでいました。くせになってね。イプセンの翻訳を中学生坊主が読んでおったんです。訳が分からんですがね。大変印象に残っておる本で、「人民の敵」という本がありました。それは、ある温泉町が観光客を誘致して、観光開発をしようということになるのですが、主人公の医師が、その温泉には健康に有害なものが含まれているということで心配するんです。観光誘致もいいけれども、この温泉には、人の健康によくない物が入っているということで、消極説を述べるわけです。しかし、そういうことをいったら大変だ、将来の町の繁栄の妨げになる、そんなことを言ってもらったら困る、ということでやられるんです。みんなの反対が強くなって、その医師は、結局町にいられなくなるんです。そういう話でしたが、それが非常にショックでした。

後になって、ロシアの資料を見せられたのです。村から出て行った人達に訴える農民の詩で、私らは食うものも食わずに、あなた達が勉強するのに貢献したのに、あなた達は一体どこに行ってしまったんだ、村には帰ってこないし、私達の生活はちっとも良くならない、というようなものを見せられ、どうだと云われるとガクッとする。

私が高等学校におるころに、レーニンが亡くなり、その後の権力抗争で、スターリンがのしてくるのですね。それが日本にも影響してきて、スターリンの「レーニンとレーニン主義」(Lenin und Leninismus) という本がドイツ語の薄い本で入ってきました。これはとにかく、いまロシアで一番偉い人の本だということで、手分して訳したりしました。ブハーリンの共産主義のABCという本も訳して、研究会で使っておったんです。

皆まだ高等学校の生徒だったけれど同時に開拓者だったんですね。自分でやらずに外の人に翻訳してもらったのを読んでいたのでは、間に合わなかったんです。その頃の高等学校の生徒は全部そうでしたよ。

―漢文は、いかがでしたか。

●中学からかも知れませんが、漢文は当然のことですね。私は子供の頃から、親に勧められた訳でもありませんが、割合良く出来たらしい。中学時代の漢文の先生からかわいがられてたようだから……。

―高校までに基礎的な学力を身につけられたのですね。

●そうですね。高校三年ではもう大人になります。自分の考え方をもつようになりましたね。

―先生は、高校は三年間で終えられて、一九歳で大学生になっておられますね。

●仲間はみんな二〇歳以上でした。浪人をしているのが当たり前でした。私は、高等学校に入ったころは坊や坊やと云われて、くさっておった。それで、五高に入ってまずやったことは髪を伸ばすことでした。一人前に見えるだろうと思ってね。

III　京都帝国大学法学部へ

《法学部へ》

― 五高から大学へということで、京都大学を選ばれた経緯は。

● 次兄がね、さきにお話ししたように京大でした。長兄も神戸にいたので、父親が有無を言わさなかったですね。一人では何をするかと大変心配していたのです。長兄の監督下におかなければ心配だったんですね。東京には絶対に行ってはならんと。

― 最初から法学部を希望されていたのですか。

● いいえ、中学の時も先生方に幼年学校に行けと勧められたことがあります。それを父親に話すと、丁度軍縮時代だったので叱られたのです。世の中どっちに向くか分っているか、もう軍人の世界ではない、バカな事をしてはいかん、戦争なんてもっての他だと、絶対に反対されました。中学四年になった頃も、海軍兵学校に行こうと思ったけれども、これも親父にどなりつけられてやめましたね。

― 当時、五高から京大に行く人は多かったのですか。

● 大体、東京へ行く方が多かったですね。しかし、皆まだ東大の試験が難しいといったことは念頭になかったです。いろんな事情ですね。京大は私らの時は試験はなかった。その頃までは高等学校からは大体無試験で行きたい大学に入れたんです。多少集中するところがあるという程度で、試験のことは、そう意味をもたなかったんです。

― 京大、東大の学風の違いといったことはありましたか。

● 帝大はどこでも同じという考え方でしたね。

《福本イズムと社研》

― 昭和二年に京大に入られたわけですが、すぐに社研のメンバーになられたのですか。

● 申し上げておかなければなりませんが、私は、マルクス主義の日本の当時の状況に実は疑惑をもっておったんです。まだ、五高にいた時分ですが、福本和夫という人が、私の五高の二年か三年頃だったかな、彗星のごとく現われて、河上先生やみんなを切って棄て、福本イズムでないと日本の共産主義は成り立たないというような勢いで、五高の社研もそれになびいて行ったんです。私も福本さんの本を熱心に読んでいたのですが、たまたまそれにちょっとおかしいと思うところが出てきて、とたんに熱が冷めてしまいました。青年というものは、崇拝してきた偶像が馬脚を出すととたんにしらけてしまうものですね。

福本さんには「唯物史観と中間派史観」という本がありました。その中で河上先生がさんざんやられているんです。福本さんによれば、河上先生の説は「唯物」史観ではなく「中間派」の史観だとこきおろされていたのです。では「唯物」史観と「中間派」史観はどこが間違っているかというと、物質が精神を規定するという因果関係を土台にするのが唯物史観、物質が精神を規定することもあれば、精神が物質を規定することもあるというのが中間派史観だというのです。確かに、河上先生がそうとられたことも、そんなことを言われたこともあるのです。

しかし、福本氏は、更に進んで「これらの中間派史観は、因果の範疇にかえるに数学上の機能(Funktion)の観念をもってする」と述べていたのです。当時誰もそれを問題にもしませんでしたが、私にはそれが見逃せませんでした。そこに用いられている「数学上の機能の観念」とは一体何のことなのか合点がいきませんでした。しかしよく見るとその「機能」という字の下に括弧があって、そこにFunktionという横文字が入っているのです。Funktionは数学では「函数」と訳されています。わざわざ「数学上の」と言っている以上、それは函数のことに相違ない。物質と精神の関係を固定的に決定・被決定の関係にあるものでなく、AがÁならBはB́という相関関係のように捉えようとするものだというのなら、意味は理解できるが、「数学上の機能」の観念をもってすると言われたのでは何のことか分かりません。そんなことで、河上先生を批判する福本さんの批判とは一体なんぞや、ということでもういやになってしまった。それで社研の関係では積極的には動かなくなってしまいました。

実は、大学に入ると、京大の社研では合宿みたいなものがあって、部屋を用意して待っておるんですね。私は貧乏だからといって断ったんですが、本当はね、一緒にやる気がしなくなっていた。しかし結局は、研究会にはずっと出てましたね。各地の研究会のほか全体としての研究会は大学の寮の玄関の門を入ったところに集会場があったんですが、その二階で全体の社会科学研究会が開かれていました。

《作田先生の話》

河上先生が見えてね、末川先生や恒藤先生も来ておられたんですよ。田村先生も見えていましてね。後で満州国の建国大学の副学長になった作田先生もお見えになって話をされたこともありましたね。

作田先生はやっぱり、マルクス主義批判の立場ですね。自然経済と意思経済とを対立させる立場から、経済をその自然の成り行きに任せておくのか、資本主義社会が自然経済だったのでは駄目になってしまうので、この自然経済を人類の意思で統制し無駄のないようにする意思経済でなければならぬと主張されたのですね。これはマルクス経済学を批判しながら、それでもその考えを取り入れられて、それとは別個独立の理論を展開されたものです。それでマルクス主義批判を含むということで学生達が抗議したのですが、先生は冷静にやっておられたですね。

ただご自分の立場から批判しやすいようにマルクスの主張を少しかえておられるところがあったので、終わったあとで「あれは先生おかしいんじゃないですか」と言うと、「議論を進めるにはそう言わねばならぬので我慢して下さいよ」と言われた。

その頃は、割合、反対説というのにも寛容だったんですよ。しかし、さっきもいったようにだんだん右翼の方が凶暴化してくるんですね。一年の頃はこういうように社会科学研究会は学問的な研究会を開いておったけれども、春休みに帰っている間に三・一五の検挙が行われるんですね。昭和三年の三月一五日です。私はさきのようなわけで貧乏で合宿に行ってなかったし、それに福本イズムに疑惑を持っていたため実践運動には関係していなかったので、助かったのですが、行っていたらやっぱり検挙されていたでしょうね。

― 河上先生は昭和三年四月一八日に依頼免官ということになっているんですけれども、反対運動などはなかったのでしょうか。

● 経済学部教授会の内部が問題でしたね。法学部では、佐々木先生あたりが「河上先生を辞めさせてはならない」と云うことで、経済学部にはっぱをかけようとされたようだったけれども、経済学部は、教授会が一致して河上先生を擁護することにはならなかった。だからもうそれならしょうがないということになったんですね。

《治安維持法改正反対の投書》

― 昭和三年六月二九日に治安維持法の改正が行われましたが、「関西刑法学草創のころ（刑雑二四巻一号一一三頁以下、一一六頁）」で、その時の新聞の投書についてお話されていますね。

● あの時は、昭和三年の早春と思っていたのですが、九州の新聞に私の投書が載ったのは七月始め頃です。新聞社を調べてみないといかんのですがね。私はそれを、記憶だけでその春頃だと思っておったんです。

― 改正自体は六月ですが、決まったのはもっと早かったのかも知れませんね。

● そうではなくて、緊急勅令が発布されたという新聞を読んで、やっぱり興奮したんですよ。それでけしからんと。その時の内閣はたしか政友会ですが、その新聞社は民政党だったので、これに反対してもおかしくなかったのです。いわばこっち側ですよね。それで、その新聞に政府の緊急勅令はもっての他だということを投書したんです。それがすぐに載ったんですね。

投書した後に次兄が養子にいっていた田舎に遊びに行ってたんですが、朝起きたら、兄が「えらい勇ましい事を書いておる奴がいる」というので、見たら私の投書だったんです。それは「死刑には絶対に反対、特に思想信条を理由に死刑にするようなことは、もっての外だ」というような事を書いたのだと思います。私はそれをどうも勘違いして、春休みと思っていたんです。あとで新聞社に行って捜してもらったんですが、「ない」といわれてね、しかし時期的には大体六月末で一致しますから、やはり夏休みに帰った時でしょうね。

―その新聞はもう残っている可能性はありませんか。

●新聞社に残っているかどうか、わかりませんね。テーマも、覚えていないですね。細木隆三という変名だったと思います。当時そんな変名を使っておった。

《大学生の見たる思想国難》

―大学時代、京都帝国大学新聞（昭和四年四月一五日）に、実名で「大学生の見たる思想国難」という論文が掲載されていますね。

●それは、御大典記念というので、今の天皇が即位なさる昭和四年の時ですね。御大典のお祭り騒ぎがありましたね。京都市民も踊りだしてね。大学二年生の時でした。

―どういう趣旨のものですか。

●思想国難というのは、その前の頃三・一五（昭和三年の共産党弾圧）などで、学生が大学で共産主義の運動をしておるというようなことを指したものですね。

文化人とか細かい研究をしていて世の憂いを共に憂い時の政府に協力しないような者は、支配者には邪魔になるから叩かれる。思想国難というのはどうもそういうものではないかというようなことで、むしろ国難という前に、その思想の中身をよく考えて、なぜそういう思想が出てくるのかということを考えるべきだ、それをただ思想国難と云ってそれを征伐するために十字軍の太鼓を出しているようなことだけでは解決できまい、学生はそんなことでは納得しない、というようなことを書いたものです。共産主義、マルクス主義というような立場で書いたものではありません。「思想国難」というのは、当時の保守政党のスローガンです。

―これは京大新聞が募集したものですか。

●そうです。掲載のお金をくれました。その頃、床波竹二郎という内務大臣がいて、非常に風采のよい政友会の鹿児島から出た人でしたが、考え方が少しおかしな人でね。この人の発案で思想善導施設費というのが、文部省から出て、各学校に配られていた。その思想善導施設費で何をするかというと、饅頭を学生にくれるんです。床波内務大臣が、思想善導をしなければならない、その為には懐柔しなくてはいかんということで、まず饅頭を配る。その他にたとえば、どういうことが思想善導かと質問されると、「例えば浪花節を奨励する」といったので、その後浪花節大臣といって大笑いになった。そういう思想善導などおかしいというようなことを書いたと思うのですがね。天皇の御大典の時の記念に思想国難が問題にされる、という時代だったんですね。

―それが、当時の先生の率直なお考えだったということでしょうか。

●何かマルクス主義にひかれておるところがあったかも知れませんね。決して、妥協していたわけではないんです。しかし、マルクス主義的な表現は露骨には出さないのですね。よく読んでもらえれば、マルクス主義が正しいと思っていることが分かるかも知れない。

《当時の京大の講義》

―　先ほどの「関西刑法学草創のころ」に学生時代の刑法の講義のお話が出て来るのですが、当時は大学に入ると一年生から法律の専門の講義を聞かれたわけですね。

● 一八科目受験すると学士になれる、何時どういう講義を受けてもよい、という仕組です。私は、一年に一一科目ずつ受けて二年でもう終了しました。三年の時には、もう気が抜けて、たしか「親族相続」は遅刻をして受けられなかったと思う。

―　とくに興味のあった講義は？

● 河上先生の講義は、受けようかと思ったけれども、先生の云うことは私はもう、分かっておったんです。大体、先生の本は全部読んでおったし、社会科学研究会にもでておったし、もう聞く必要はないと思って聞きませんでした。哲学の方も学生の頃は、聞かなかった。卒業してから西田さん、田辺さんのを聞いたかな、法学部に入ったものの余り面白くないのですよ。父親に無理矢理に河上先生がいるから経済はいかんと云われて法学部に入ったのですが、講義はちっとも面白くなかったのです。講義には出席していましたが、余り勉強はしませんでしたね、ただ社会科学研究会には顔を出しておった。

その頃の私は、まず「何々スヘカラス」と濁点もうってないカタカナで書いてある条文や書物を見ると虫唾が走るような気持でした。憲法は市村光恵先生で、大きな憲法の本を一時間のうちに一〇〇頁くらいパッパッととばしていくんですね。それで終ったと云うんだけど何も中身のことは話しておらんのですよ。先生は土佐の出身で、もっぱら選挙の話とか、坂本竜馬がどうしたこうした、とかいう話でね。とうとう途中でやめて京都市長になられましたね。しかしこのころ、先生の本は非常に痛快な本でしたね。無茶を書いてあるんですよ。学説というところにね、こういう反対説が有り得るはずだと思われたので、「ノーホエヤー氏曰ク」なんて書いてあるんですよ。そういう学説は有り得るという訳ですね。

その頃穂積さんの「民法総論」が出たが、これはひらがなで書いてあって、そして非常に社会科学的でした。法律学の本が社会学的な色彩を帯びてくると、とたんに私は何かつきあいやすくなるような気がしました。末川先生の「民法講義」が同じだったですね。この条文がどういう歴史的な事情から生まれてきて、その社会的な事情がこう変わったらこうなるというのですね。

刑法の宮本先生の本は、むしろ哲学的でしたね。条文の解釈や法理論というよりも、むしろ人生、人間性の根本に触れるような内容の御本でした。これが私には非常にぴったりきました。

《宮本刑法学》

— そのあたりで刑法と決まってきたわけですね。

● 先生の刑法学は、人間の学なんですね、御自身は非常に厳格なんだけれども、弱い者・苦しんでおる者に対して限りなく優しいんです。威厳があってとても直接そばに寄れんような方だけれども、本当に、私はあの御本を見たときに、宮本学説に感動したんです。

人生や神の問題が出てくるでしょう。神とはどういうものだ、人は全知全能なのが神だというが、そういうものだけではない。先生の理解される神は、「愚直なる父親のようなものだ」、考えの至らぬ子供達は、お前は我々を十分に養育することもできないのに何で我々を生んだのだと非難するけれども、父親はそれに対して答える言葉を知らない、ただ、彼は黙々としてそれらの子弟を養うために働くだけである。神の愛というのは、そういうものだ、というのですが、これが、刑罰論と結びつくのです。それが本当の愛の刑法学ですね。そういう人間の学としての刑法学というのに、私だけでなくて、講義を聞く学生達は感動しましたね。本当に私は大学を卒業するまで、宮本刑法学でなければいかんと思っていました。

—それ以外に先生の考え方に影響を及ぼした方は。

● 末川先生と河上先生の一連の話が、マルクス主義につながるんです。末川先生は、講演部長をやっておられて、講演の際にデボーリンの「唯物弁証法」の本を手にしながら話をされるんです。先生の民法論にはちっともマルクス主義は出てこないのですが、講義を離れて講演なんかになると出てくるんですね。

《司法科試験、行政科試験》

—司法科試験を受けられたのは。

● 昭和四年です。大学三年の時ですね。私の一つ前までは、大分科目が多かった。私のときから受験科目が減ってきて民訴、刑訴はどちらか一つでよくなりました。それに司法科と行政科と同じ科目が受けられて、私は両方受けました。たしか行政科が夏休み前かな。夏休みの後に行政科の合格発表があって、それから司法科の筆記試験、行政科の口述試験と司法科の口述試験がありました。その年は四回東京に行っています。行政科の合格者は、司法科の口述試験では、何か一つだけで、刑法を一つ選べばよかった。

―当時の行政科は難しかったんでしょ？

●難しかった。行政科の方が難しかった。

―行政官になられるつもりはなかったのですか？

●そうですね。行政官になるつもりは、さらさらなかったですね。しかし受けるのは一緒に受けました。大学に残るつもりもなかったです。弁護士になろうと思っておった。

―在学生の合格率はどうでしたか？

●そうですね。京大は一〇人くらいですね。合格者人数が少なくて、全部で二〇〇人くらいかな。

―しかし、京都大学は、割合少ないですね。

●受けるのは少なかったと思えないが、余り合格しませんね。東大だってそう合格しなかった。五高を一緒に出た東大の者も受けたけれど、大抵落ちています。東大へ行ったからってそう簡単には合格しませんでしたね。

《京大助手に》

― 行政官にも弁護士にもならずに、助手に残られたのは。

● 行政科の合格が発表になったら、当時の安達内務大臣から、「お前内務省に入れ」と言われて、とにかく成績表を出せと言われたので、法学部の事務室に成績表を貰いに行くと、学部長（鳥賀陽先生でした）に、部長室に「ちっと入れ」と言われました。部屋に入ると、「役人になりたいのか」と言われて、「いや、別になりたくないのですが」というと、「大学に残って勉強することはどうだ」といわれ、そんなつもりはありませんと答えると、「進む方向はいろいろ有るだろうが、一応助手の願書だけは出しておけ」、ということで「どんな科目が勉強したいか」を尋ねられ、「刑法か商法です」と答えたのを覚えていますね。

このとき商法を挙げたのは、当時、田中耕太郎氏の商法学が非常に哲学的だったのですよ。それに興味を覚え、特に商行為とか会社法、手形法等の歴史的な発展を研究したら面白いだろうなと思ってそう答えたのですが、願書に「刑法又は商法」と書いたら、刑法が空きになっていたので、刑法の助手に決まったのです。

《私の大学時代》

― 大学卒業までを振り返ってみられていかがですか。

● 私の若い頃は、マルクス主義と離れようとしても離れられない時代でしたね。団藤先生は、青春時代をマルクス主義との関わりなしに過ごされたようですが、私には非常に不思議に思える。あの人は私より少し年が下ですが、しかしあの頃の高等学校の生活で社研との関わりという外界の風にあたらず、ひたすら学者への道をわき目もふらず歩いてこられたということが、不思議な気がします。あの頃の青年の中にも、こういう人がいたんだなと思ってね。

Ⅳ　京都帝国大学助手

《助手の待遇》

— 先生は、昭和五年（一九三〇年）に助手に残られたわけですが、その時に教授会の特別の決議があったと伺いましたが。

● 助手になると、指導教授というのが決まるんですが、指導教授は、個人的に助手を使ってはいかん、助手というのは大学の後継者として育てていかなければいかんので、私用や自分の私的な研究の補助とかで使ってはいかんと、そういう決議でしたね。

— そういう決議は、助手の方から要求があって出されたのですか。

● いやいや助手は私一人だから。

— 先生のために決議されたのですか。

● そうですね、私はよく分らんけれど、滝川先生と宮本先生とお二人がおられて、私がそういったんでなくて教授会で勝手に宮本先生が指導教授に決まったんですが、滝川先生等が、余り宮本先生かぶれになったら困ると考えられたことがあったのではないでしょうか。宮本先生は主観主義、滝川先生は客観主義、そういうことで、余りべったりにならないように、指導は、どちらからも受けるようにという仕組みにしていこうというのではなかったかと思います。その時は分りませんでした。事実、私もどっちということはなかったのです。

― 先生の先輩にあたられる助手、助教授の先生方は。

● 大隅さんは助教授になられたところですね。大隅さんは私より二年先輩です。

― 末川先生は。

● 末川先生はもう教授でした。先生が外国から帰ってきて、最初にされた講義を私がきいているくらいかな。田中周友さんが助教授の筆頭でした。田中さん・近藤英吉さんが外国から帰って来たときですか。

― 助手は研究者ということで、先生の私事に使われるようなことはなかったわけですね。

● そんなことはなかったですね。助手を私物化したり、自分の家来みたいな扱いをするということは、京大の法学部には以前からなかったように思いますね。

《刑法研究会のこと》

― 刑法関係では、宮本先生、滝川先生がおられたわけですが、当時「刑法研究会」があったのですか。

● その頃はなかった。「刑法研究会」ができたのは、京大事件の後ですよ。滝川先生の頃はそういう研究会ではなくて、先生が好きな人間を集めてお宅でやったりしておったんです。

― 植田重正先生が、「刑法研究会は昭和五年以降のころではないかと想像しています」と言っておられますが。

● 「刑法研究会」には大学院の人達が割合おったんです。私がいたときには一人もいなかったですからね。当時は、鎌田という刑事学の方が和歌山にいましてね。あとで試験を受けて、大阪で弁護士になりましたが、その鎌田さんが、刑事学の勉強をしたり話をするから一緒に行って聞かんですかと呼ばれてね。そういう集まりが滝川先生中心にありましたね。

私が残ったときは、滝川先生が立命館の講義をしておられて、立命館の設立者の中川小十郎という人から、竹田直平先生を個人的に頼まれたんですよ。うちの刑法の教授にしたいから、一つ指導してくれと。それで竹田先生は学生の頃から、滝川先生のところに行ってドイツ語の本の講読から、手ほどきを受けておったわけですね。そういうところに「君も……」ということで呼ばれて行った人がおった。

明確な通知を出してやるという研究会は、滝川事件以降ですね。滝川事件の後で宮本先生が、それまでは消極的だったのに、やはりもう自分がせにゃならんと思われたんでしょうね。積極的に、裁判官や皆を集めて「刑法研究会」を始めたんです。

— 滝川先生のもとで勉強されていたのは、どんな方でしたか？

• 以前おったという人達の名前を聞いたり、顔を合せたりしたことはあったが、大学院からは誰もこないんです。滝川先生の指導を受けたのは、やっぱり竹田君ですね。鎌田さんが時々来ていて、植田君は途中からですね。滝川先生の竹田君に対する個人的な指導があって、君も来ないかというので私も行ったということですね。

《宮本先生の「指導」》

— 宮本先生の指導や講義はいかがでしたか。

• なにもない。宮本先生は、服装からして大変厳しかったですね。ネクタイが曲がっているとか、背広の上下ズボンの色が違うとかいって注意されるんですからね。あなた方は赤レンガの研究室を覚えていますか？

— 法学部の図書館の研究室になっていたところですね。

• 二階の西側が刑法の先生方、西側の隅に滝川、宮本両先生がいて、その北の突き当りに刑法、刑訴、民訴も一緒になっている大きな共同研究室があって、そこに私がいたんです。英脩先生が廊下の一番南側にいて、その北隣が滝川先生、その北が共同研究室ということになっていた。英脩先生はまだ、五〇歳前だったんだけれどもね。「俺は目が遠いのでお前おるかおらんかわからんから、不在のところは赤く塗っておこう。俺の部屋のところから、君がさぼっておるとすぐに分かるからな」といって、不在のところを赤く塗られましてね。お部屋に行ってはお茶をごちそうになったりしてましたが、研究の指導とかは殆どないんです。

ただ、始めに何から研究するかということで伺いましたが、当時の私は宮本先生にもうどっぷり心酔し、そのシンパですからね。先生は安心して、自分の学説がどうして生まれたのかというと、この本のこの論文を読んで考えついたんだといって、ウィンデルバントの論文集を貸してくれて、わしの考えを理解するためには、まず、このプレリューデンの中の「規範と自然法則（Normen und Naturgesetz）」という論文を読め」、といって渡されたんです。

プレリューデンは一生懸命読んだ。私も多少哲学的なことに興味が有ったんでね。ところが、読んでみると、どうしても主観的違法論にならんのです。客観的違法論にしかね。これはまいったな、ということで、結局、先生から頂いた最初の研究のための教育資料が、先生と違った方向に私を導いてくれることになったんです。そうなるはずはない。あれ程偉い先生がこれを読んで主観的違法論になったんだから、主観的違法でなければいかんのだろうと随分考えましたが、二年目の終りの頃にね、やっぱりこれはどうも具合が悪いと思ったのは、末川先生の「権利侵害論」が出たときでしたね。末川先生は何しろ親切だったんです。廊下で会うと「おい、ちょっとお茶飲みにこい」といって、いろんな話をしてくれてね、権利侵害論がでたときも、先生から頂いたんです。もう驚いたね。これから勉強しようと思ったことがみんな書いてあるんです。

二年間の間に随分勉強しました。メツガーの「主観的違法要素」という大きな論文には影響を受けました。その時、リストの本の第二五巻がちょうど出たんです。私は殆ど、隅々まで読んだと思います。注を読むのが面白いんです。注を読まんと論文はかけませんね。それらを読んでおって、「評価は命令に先行する」というテーマにぶち当たったんですが、末川先生の本にはそれがちゃんと書いてあったんですよ。この命題が、私の道を結局切り開いてくれたんです。切り開いてくれたというか、そっちのほうに押し流されたんですね。

当時、たしかS教授がM・E・マイヤーか何かを訳したのがあった。それを原本と照らし合わせたんですが、これがまたひどい訳でね。「この訳はひどいですよ」と云ったら、「若い者がそんな生意気をいうもんでない、むこうは教授で一人前の人間だ、そんなこと君のような若造が云うもんでない」と叱られたことがありましたね。

《規範的責任論のこと》

— 当時、学界で、滝川先生や小野先生は、違法と責任の関係については余り議論しておられなかったのですか？

● なかったですね。英脩先生が、主観的違法論から、責任とはなんぞやというてね、一応違法と責任とあげておったんですね。ところが主観的違法論からは、段々、責任の独立のポストがなくなってくるんですね。それが先生の最後まで続く悩みでしたね。

――昭和六年の最初の御論文は、「規範的責任概念の一考察――ヤーメス・ゴールドシュミットを中心にして――」ですね。

● それは私は、好かんかったんですがね。滝川先生が私に書けと言ったんですよ。滝川先生らと一緒にやっているときに、リスト＝シュミットの本で、植田君も竹田君も滝川先生もいてね、私は規範的責任論は実に面白い、いいなと思ったんです。そのようにシュミットがリストの本を書き換えたんです。二五版ですが、責任論は、全然違うことになってしまってね。滝川先生は、「これは良くない、リストからは自分の本を引き続いて出版することを依頼されたんだから、体系を全然変えてしまったのでは良くない」といっておられたんです。ところがいろいろやっているうちに、滝川先生の方も規範的責任論になっていくんですね。

私は、その頃、ゴールドシュミットの義務違反論は、ちょっと具合が悪いので、やはり評価と命令とを区別するリスト＝シュミットの方がいいと思っていました。とにかくゴールドシュミットというのは、非常に難解なものでしてね、これを消化したうえで出してみたら、滝川先生は、「そんなに分かりやすくやってはいかん、君たちは駆け出しだから、誤訳していないかどうかということを先輩の先生方に見てもらうためにも直訳に近いものでなくてはいけない」、といわれるのですね。「日本語として分からんようになる」というと、「そうではない、初心者は、教授会や、何かでも、いかに正確にドイツ語を読めるかということを問題にされるので、あまり意訳するとごまかしていると思われる」といわれたんです。

――「期待可能性」自体に対する関心はあったわけですね。

● それはあったのです。私はゴールドシュミットではなくてシュミット的な考えでしたがね。同時にシュミットにも疑問を多少もっていたんですが。

《主観的違法と客観的違法》

――次の本格的論文が、「主観的違法と客観的違法」ですね。

● それもつまらんものですがね。本人は四苦八苦して、宮本先生の主観的違法論と訣別するつもりで書いたんです。指導教授に訣別する論文を書いて、それを就職論文にするという何ともあつかましい話ですね。しかしもうそんなことは念頭にないんですよ。その頃はね、助教授になるとかならんとかではなくて、とにかく苦しくてたまらない。宮本先生と一緒に主観的違法論で行くか、そこで道を別にして離れるか、何なら学校を辞めてしまって……というようなことまで思いつめた。最後には思いきって書いてしまったんです。末川先生や滝川先生は「やれやれ！」という感じだったでしょうね。

《滝川先生と宮本先生》

――滝川先生と宮本先生の立場は、全然逆ですね。学説の違いは大変大きいと思いますが？

●学説は全然違うけれども、宮本先生は殆ど滝川先生を相手にしていませんでしたね。英脩先生は孤高の人でね。一応滝川先生の先輩になるんです。事実、私は、学者としての英脩先生はずっと偉かったんだと思っています。実務やいろんな細かいことまでとてもお詳しいのです。当時私が助手として入ったとき、先生は総論を書き終えて各論を書いておられました。少し書くと私が校正していましたが、一ぺん見てくれといって同じ校正を滝川先生にも参考に見せておられました。

私は、滝川先生の各論には英脩先生の影響がかなり入っているように思いますね。英脩先生が書いたのが先だという部分があるのですね。同じようなところ、割合似てるところがありますね。

―ふつう助手ということですと、先生の意見を弟子に押し付ける、あるいは少なくともそっちの方にもっていくということがありそうに思いますが。

●英脩先生はそういうことがないんですね。しかし主観的違法と客観的違法についての議論は最後までありましたね。「おい、ちょっと来い」といって御自分の部屋に呼び込んでは議論をするんです。

―その点では、滝川先生とは対立する関係になりますね。

●いや、滝川先生の違法論といっても、それは、対立する違法論を非常に多く取り入れたものです。文化規範を条理と訳してそれで条理違反といったりしてね。法規範の論理構造や概念構造とか、そういうことはまだ先生の念頭になかったから、我々の「評価は命令に先行する」という客観的違法論にさっと先生はのってしまったんですね。期待可能性についても、私らが書いたのに、先生がのったというところがありましたね。

― そうすると、宮本先生と滝川先生との意見の対立というのは、そうなかったんですね。

● 宮本先生の方がずっと細かくやっておられた。主観的違法論も、当時私がひっくり返したいと言い出したので、滝川先生は議論のずっと後方におられた。本当は滝川先生は、いろいろな問題、人権とか、自由とかそういうことに興味がおありで、理論的なことには余りご興味がなかったようでしたね。

先生の刑法講義が活字になるのは、すこし後です。その前には法学全集の刑法が出ていました。これは私が高等試験を受けるときには出ていましたからね。ところがその刑法と、後の刑法講義とは、体系がころっと違うんですね。どうしてそうなったのかはっきりしないのですが、法学全集の刑法にはリヒャルト・シュミットの影響があったのではないかと思います。私は後でそのリヒャルト・シュミットの本を読んだことがありましたが、滝川先生の全集の刑法と何か大変似ているなと思いました。後の刑法講義は、むしろ先生がドイツで付かれたM・E・マイヤーの教科書の体系にのっとったものです。

《宮本説と滝川説》

― 宮本先生の学説は、先生が自分の頭で考えられたものですね。

● 宮本先生は。もう誰も恩師として仕えたという人はいないのです。ドイツにもホルト・フォン・フェルネツク等の主観的違法論の人がいるというと、そんな奴がおるかね、といっていました。主観的違法論から総論の体系を組み立てるといっても、なかなか全部はできませんね。それを独自の刑法論から刑事訴訟法の理念まで一貫してもっていたのですから、本当にすごいですよ。あの思索力はね。

― 滝川先生の方はむしろドイツの新しいものを学ぶ姿勢ですか。

● 滝川先生は、新学説によく注意していました。マイヤーのもとで勉強されましたから、マイヤーの縮小版のような講義案を出し、さらに私には全く別の説と思われるような類の刑法論文も書いています。これにまた、期待可能性論が出てくると、それを取り込んでいくんです。

正直にいうと、その後の滝川先生の学説はむしろ、竹田君や私がやったもののエキスを取っていったという感じですね。犯罪論序説も、竹田君にいわせると、私の研究と竹田君の研究をまぜこぜにしたものでちぐはぐになっているというんですがね。

《京大の学風》

― 宮本先生、滝川先生、佐伯先生、それぞれ三人三様の学説のように思いますが、京大法学部の学風というのは、やはりお互いの学説に干渉しないということですか?

● そうですね。私の研究には先生はだいたい干渉しませんでした。我々は古い人間だから、大いに君たちはやって伸びていったらいいということでしたね。大隅さんに対する竹田省先生も、そうだったと思います。民法の中島先生も大御所で近藤英吉という方はその弟子だったけれども、学問的には先生とは全然違っていました。

— 宮本先生も同じお考えだったわけですね。

● しかし、私の客観的違法論に英脩先生は腹わたが煮えくりかえったと思いますよ。自ら打ち立てた刑法理論の基本体系を、小僧っ子が、しかも助手の分際でそれを批判したのですから、腹が立って仕方がなかったと思います。当時、私は二五才で宮本先生は五二才でしたからね。

— しかし、当時の法学部は自分で考える人に対しては、独創的な見解を自由にだせるという雰囲気だったわけですね。

● そんなところですね。指導制ということではないので、どんな人でも生存できるというような雰囲気でした。

《東大の状況など》

— 当時、東大の方は大分雰囲気が違っていたのでしょうね。

● 東大は牧野先生と小野先生の考え方の相違が、深刻な問題ということで伝わっていましたね。小野先生が大変苦労されたようです。

東大では牧野先生に人気があって、武藤という人が、私の一年後に牧野先生の弟子として残るんです。非常な秀才でしたけれども助教授にはならなかった。その方は警察畑に行って出世しました。そこで牧野先生は結局、弟子を残せなかったんです。そして小野先生が団藤君等を助教授にとったわけです。団藤君も秀才でしたね。

— 風早先生も牧野先生の助手に残られたんではないですか。

● 九州大学に行かされるんです。法哲学でね。牧野先生との関係はなかったですね。

— 牧野先生の学説的な後継者は、木村先生ということになりますか。

● 牧野先生は、法政大学の法学志林をわがもののようにしておられた。木村さんはそこで刑法をやらされたんですね。牧野先生の思想統制は強かったんです。また木村さんの方も大変牧野先生を高く評価していましたね。

《当時の助手》

— 助手に残られた当時の雰囲気をもう少しお願いします。

● 学説上、宮本先生から離れるというのはもう最後の決断で、先生とは仲は良かったです。他のことでもね。一緒に酒を飲むし、先生は大変粋人だから、酒の飲み方まで教わりました。法学部の中にも悪い奴が大勢いてね。近藤英吉なんて、何かいうと調子がいいから、これが研究を止めてみんな集めて南禅寺で湯豆腐しようかと言い出すとみんなすぐ集まってきてね。商法や、民法なんかの助教授や助手が六、七人すぐに集まるんです。南禅寺で湯豆腐を食べているうちはいいけれども、そのうちこれでは足りんということで、四条に出てまた飲んでと、こんなことばかりしておった。英脩先生も時々、ごちそうしてくれました。

—当時の助手は、だいたい毎日大学へ行っていたのですか。

●全然拘束はない。何をしておっても良い。ただし、二年内には論文を書きなさいというだけでしたね。

—大学院の講義というものもなかったのですか。

●なかったですね。

—そうすると指導はどのようにしておられたのですか。

●こっちから頼みに行くんです。どうしょうと相談に行ったり、分からんと聞きに行ったりね。私は余りしなかったですね。

フランス語だけは宮本先生に教わりました。ドイツ語だけではいかんぞということでね。宮本先生はフランス語もうまかった。フランス刑法のガローの本を学生と一緒に読みました。学生といっても一人か二人しかいないんですよ。だから私もそれを聞かせてもらった。

《大事な本は自分で》

—助手の待遇の方はどうでしたか?

●当時の一流の銀行やそれから役所など大体帝大を出た者の給料は七五円で、助手も七五円でした。私は助手になってリスト＝シュミットの二五版を確か一五円でしたか、買いました。七五円の五分の一ですね。たいていの本は自分で買ったんです。

――しかし、自分で本を買うということがない人も多かったろうと思いますが。

●私は特別なんですね。私はその頃から自分が大学に最後までおれるというようには思っていなかった。余り思想信条が良くないからいつ辞めるか、辞めさされるか、そういう可能性が非常に強いというようなことを思っておったんです。辞めてもあちこち本を借りてまわらないといかんということでは困るから、出来るだけ大事な本は自分で持とうと、若いときから決めておったんです。個人で買える本はたかが知れてますわね。けれども一番基本的なものは、学校のものは使うまいと思っていましたね。

――やはり月給が多かったということですか。当時は助手でもお手伝いさんをおけるような状況でしたか。

●いいえ、それはやはり助教授になってからです。助教授になると月給が二倍になるんです。一五〇円にね。一人では使えませんよ。二年後に助教授になると、祇園の支払いが毎月四〇円位だったかな。助手のみんなには決して金は払わせんかったですね。助教授から上のものが全部カバーするんですね。それと本代とで、かみさんが大分苦労したんですね。行きつけの「いすえ」というお茶屋の後におかみさんになった人と顔見知りになって、月末に集金に来られても「今月はだめだわよ」と言って平気で待たせたりしていたようです。

――それも京大の伝統ですか。

● そうそう……（笑）

― 勉強する時は勉強する、遊ぶ時は遊ぶということで、その遊ぶというのは料亭ですか？

● 祇園の芸者をあげてね。月末になると巻紙に水ぐきのあとうるわしく、○月○日は何子、何子が来てビールをいくらと実に的確に詳細に書いてあるんです。それを送ってくるんですね。墨で書いてあって来た芸者さんの名前もいちいち書いてあるんです。

《学外の人との交流》

― 当時の学問的な関係については、先程、宮本先生、滝川先生についてうかがいましたが、東京あたりの先生との関係はいかがでしたか。

● 殆ど関係はなかったですね。

― すると雑誌に載っているようなことを読まれただけですね。

● そうです。学会も何もなかったですからね。本当に各大学の蛸壺のようなものですね。交渉は論文、機関紙に発表した論文でお互いに対決し合うということですね。私的なやりとりということもなかったですね。

当時お会いした人といえば、法制史の石井良助さんが京大に内地留学で来て刑事法研究室を落着き場所にしておられましたね。実方さん、斎藤金作さんも来てましたね。団藤君も助手の頃京都に来てくれて一晩酒を飲んだりしたことがありました。

V　京都帝国大学助教授

《就職講演》

―昭和七年（一九三二年）に助教授になられてからすぐ、就職講演をなさったそうですが、先生が初めてで、あくる年はもうないのですね。

●ないんです。滝川事件があって、後はもうないんです。そういうことが京都大学ではもう出来なくなったんですね。

―先生のその講演は何処かに掲載されていますか。

●当時の法学論叢に「刑法に於ける期待可能性の思想」として載せました。後の本のもとになったものですが、本には入っていません。本は、それを詳しく、個別的に展開したものです。

《期待可能性の思想》

― 当時の期待可能性をめぐる日本の議論状況はいかがでしたか。

● 期待可能性の思想というのは、殆ど問題になっていなかったのです。木村さんが牧野＝木村式の主観主義の立場から、批判的にかなり詳しく紹介した。それを積極的に取り上げたのが私ということですね。

― 期待可能性の標準について、国家標準説といわれる立場に至ったのはどのようなことからでしょうか。

● それは私の最初の、そしてその後も長く続く考えです。いろいろ批評的に組織のもとであれこれすれば良いとか何とかいう理論が出てくるけれども、そのような理論は、要するに現在の秩序の枠内におけることであって、結局完全なものではないのです。世の中の動きにつれて、そういうものもいろいろ形を変えていくのです。

期待可能性の思想ということで、一応秩序と関係のないものは人情とぴったりするような考え方で無罪にできるけれども、それが現存秩序と対立するような事柄になっていくと、もうそういった物分かりの良さというものはなくなっていくんだということです。

失業者が、家に病する妻があり、子供が飢えに泣いているときにパンを一つ取るという場合は、無罪にするけれども、現存秩序はだめだということで、これを破壊しなければ自分たちの世の中は解放されないという革命家に対しては、同じ態度はとらない、もう期待可能性はないということはいわず、期待するんだという、これが現実であり、現存国家はそういうものであるということです。だから刑法の規範的責任論というのもあらゆる場合に通用するものとしてではなく、現実にはそういう動きをするものであることを知らなければならない。これは確信犯と期待可能性の思想の問題ですが、現存秩序が、そういうときにはいつでも表に出てくる、そういういざという時のことを述べたんです。

期待可能性の思想というのは、規範的責任論をとれば、みんな救われるバラ色の世界に入るような議論をしていましたからね。その点だけとどめをさしておいたのです。最終的にはそのようにある他ないので、それをそうではないかのごとく、ごまかすのは良くないということですよ。

《法学研究会》

― 中田淳一先生が鈴木正裕先生と対談しておられるのですが、その中にある研究会での先生の報告の話が出てきます。期待可能性の思想の報告を聞いたとき中田先生は唖然として、「何とまあ、こんな報告をしないといけないのか、我々の及ぶところではないと思いましたね、佐伯先生は助教授になったばっかかしでしたけれども、佐々木先生はじめ居並ぶ先生方も眼中にないという態度でした」と言っておられますが。

● それは法学研究会ですね。刑法でなくて法学部全体としての研究会でした。これは助手、大学院の諸君に研究発表をさせることが主でした。それで佐々木御大が出てくるんですね。英脩先生はそういうところには来ないのですよ。東大出身の末広先生も中島先生も年寄りだったから、お元気なのは京大出身の英脩先生だけでね。英脩先生は佐々木先生とも仲は悪くないのですが、どこか違うのですね。京都大学は当初はだいたい東大から来た人達でできたんですね。その先生がみんな辞めて、育てた京大の人達が後を継いだわけですね。

富田先生が京大でしたね。この富田先生が亡くなったものだから急いで代りに京大出の英脩先生を引っ張ってきたんです。ある意味では先生は孤独だったのかな。そういうところには余り出られなかった。

研究会には佐々木先生がやって来てね。元老だけれども、報告すると佐々木先生が質問するんですが、こういうのです。「その前提はこういうことですか」「ハイそうです」「そういう前提はどうして出てきますか」というので説明すると、その前提はと聞いてくる。その前提は……と、どんどん話が後の方に進んできてね。最後はつまるんです。いじめておるのではないのですが。私は、佐々木論法は専ら後方への旅である、前には進まん、と何時か云ってしかられたことがあります。

―中田先生は、助手になられたときの最高の収穫は佐伯先生と同室になったことで、いろいろ教えていただいた、ドイツ語も教えていただいた、下宿もさせていただいたと言っておられますが。

●それは助教授になってからで、京大事件の後ですね。京大事件の起こった後は一緒におりました。

―中田先生が身体の調子を悪くされたとき、佐伯先生が勉強をしすぎるから良くないんだといって、バーに連れていかれたと言っておられましたが、当時のバーというと？
●二つありましたね。フランスバーとオランダバーと、そういう所に入り浸りになっていたのです。
――その研究会の報告は順番になっていたのですか。
●順番はなくて、研究がある程度できた人に一つこの研究会でやらんかということで、準備してくれということですね。
私はそんなに怖いと思ったことはないけれども、大学院の人達は本当に身震いするほどだと云っておりましたね。石本（雅広）さんは、当時大学院でね。これがいつまでたっても報告できない。先生方の前に出ても震えるといってね。浅井君なんかも報告するところまでいっていません。

《研究条件など》

――当時の研究条件ですが、助手と助教授とはいろんな意味で違うのですか？
●助教授になると部屋をもらえる。一室ね。そして椅子に車が付いていてね。これは高等官の椅子ということになっていた。高等官便所というのまであったんですよ。二階の研究室の横にね。助手は、高等官扱いですが、判任官でした。
――助手から助教授になると月給も倍ということで、先生にとって昭和七年はかなりいい時代ということになりますか。

●この頃は野外のプールに、英脩先生も引っ張り出したりしましてね。英脩先生もなかなかついてこないんです。プールに行っても怖いもんだから、「佐伯、俺のそばを離れるな」と言われて後からついいて泳いでましたね。帰りに、農学部を出た所にパン屋があるでしょう。

―新進堂ですか。

●そうそう、あそこで先生にアイスコーヒーやクリームをごちそうさせるんですよ。英脩先生は喜んでおられた。若い人達もね。

近藤英吉という豪傑はめったに来ないのに、いっぺんやってきたが白いフンドシをして泳いだんですよ。プールではちょっとね。

―服装はいかがでしたか。当時はまだ羽織・袴で来られる先生はいらっしゃったのですか。

●あまりなかったですね。末広重雄という先生や森口先生（国法学）が時々和服でした。近藤英吉先生が終始和服でしたね。私も和服の方が多かったですね。

Ⅵ　滝川事件

《滝川事件の発端》

—それでは、次に滝川先生の事件について伺いたいと思います。昭和八年（一九三三年）四月二二日に鳩山文部大臣が滝川辞職を総長に要求し、五月二六日に休職が発令されて、部長以下が辞表を提出、七月一〇日に滝川先生、佐々木先生、宮本英雄先生、森口先生、末川先生、宮本英脩先生が、免官、七月二五日に恒藤先生、田村先生が免官、という経緯で、先生は九月三〇日に免官ということですね。当時の法学部としての受け止め方、先生ご自身の受け止め方は、どのようなものでしたか？

●これはね、「もってのほか」ということでしたね。ただ、学問の自由に対する事件となっているけれども、一部には英脩先生のように別のルートからの事件の説明もありましてね。これも大体はっきりしているんです。なぜ滝川先生がそういう問題のやりだまにあげられたのかというと、滝川先生が講演部長だったときに、蓑田教授が京大に講演に来られた。そのときに、学生たちがやじりたおしてね。滝川先生がその張本人だというように思われて、恨まれたこともあったということです。それは、私は知りませんでしたが、蓑田氏に恨まれるようなことはあったのかなと思います。

しかし、そんなことは口実になりませんね。もう一つは、先生が確か中央大学で講演をされた時に、姦通罪は廃止すべきだといわれたということです。このことは、たいしたことではないんですね。英脩先生の本にもやめた方がいいと書かれていた。男女平等でないといかんと……。

むしろ問題になったのは、天皇が自分に対して切りつけてきた場合、正当防衛ができるか、天皇に対する正当防衛ができるかという例を出されたということです。この奇抜な問を、滝川先生らしいやり方で出されたということですね。むしろこの点を大きく右翼は問題にしていたように思われるんですね。英脩先生は、滝川先生が云わんでもいいことを云ったからで、何も天皇に対する正当防衛なんて例を出すことはない、このうっとうしい世の中にこういうことをあちこち言ってまわることはないんだ、といっていましたね。

私はこの天皇に対する正当防衛ができるかということを問題にして公然と話をなさったことが、右翼を大変刺激したというように聞きました。この話は実際にあったことだろうと思いますね。先生はとっぴょうしもないことを挙げるのが好きでしたから。

―― マルクス主義うんぬんについてはどうですか？

●滝川先生はマルクス主義者では決してないんです。法律学全集の刑法の初めに、自分は社会革命を起こさせようとするのではなくて、現行秩序を土台にして講義するのだということを断わっています。だから変革の理論を自分で展開するつもりはなかったと思うけれども、やはり、唯物史観とか、貧乏で犯罪が増えるとか書いてあった。そういうことをいうのはけしからんという訳だけれども、これも筋違いですね。その頃、ご老体の弁護士がおられてね、その人が書いた犯罪論の中にも滝川先生の唯物史観と同じことが書いてあるんです。貧乏になっていくと犯罪が増える、だから貧乏人をたくさん増やす政治は良くない、そういう考え方が土台にならんと刑法というのは出来ないんだというようなことをいっています。

そういうことが問題になったから、学生の運動もあったけれども、助手・助教授も一緒になってパンフレットを作ったんです。「京大滝川事件の真相」というのをね。私が刑法のところを書いた。その中では、唯物史観ということではなくて、当たり前のことを言っているにすぎない。孟母三遷の教えって中国にあるでしょう。お母さんが環境が悪いっていうので引っ越したという。これと同じ当たり前のことをいっているだけで、唯物史観ということではないんだということを、確か書いたと思う。そのパンフレットは一〇銭くらいで、随分たくさん売れましたよ。

―そのパンフレットは残っていないのですか?

●それがあると思っていたのですが見つかりません、たくさんまかれたんですがね。手書きのパンフレットでしたね。

《免官・解職》

―それはまだ免官になる前、事件が起きてすぐの頃ですね。その後、六教授の免官、二教授の免官と続くわけですが、助教授の先生方に対しては、出来るだけ残ってくれという要請があったと聞きます。そのような佐々木先生の勧告を退けて、助教授九名中の四名が依頼免官、さらに講師、助手、副手あわせて九名中の八名が依願解職になり、結局、法学部は事件前の三分の一に縮小したということですね。

●結局はそうです。佐々木先生の勧告ですが、そういう話もありましたが、当時アンブロック（一塊）という言葉が流行って、一体としてバラバラにならないでということを非常に要求された。私は反対でした。人の進退というのは個々別々です。誰かがどうするから私もというのはおかしい、だからアンブロックは断る、皆さんがどういうふうにされるかは、自由だ、私もまた自分の思うとおりにさせてもらうということでね。

私は、直接松井総長のところへ行って、他の先生に出来るだけ残れとお話下さい、しかし私は辞めさせていただきますといいました。松井さんは五高の先輩です。「君はすぐそういうことを云う」と叱られた。とにかくお願いしますといって帰りました。

私は誰もひきずった覚えはないです。しかし、そうしたら大隅さんや大岩誠さんが私のところに来たかな。

―中田先生は、アンブロックで立命館大学に迎えられたと言っておられますが。復帰するときもアンブロックをしきりに云われましたね。
● しかし、加古君は講師でしょ。浅井君や石本君は特別研究生でしたが、立命館の正教授になったわけでしょ。みんなまた京大に帰るというのは無理ですね。
― 帰ったら、教授の地位ではなくなるわけですね。
● 大学院におったのは教授になるためですからね。それがまた、もとにもどることになるんです。
― 先生は、佐々木先生の紹介で立命にいらしたんですね。
● 立命にはほんとうにお世話になりました。

《京大への復帰》

― 滝川先生の表現によると、「京大復帰者の忘恩的態度」として、佐々木先生が親身に世話されたのに一言の相談もなく復帰を承諾したとされています。中田先生は、私はそのことを滝川先生から面と向かっていわれたことはないし、また、一切あんな本は読まないことにしているから平気です、といって随分怒っておられました。この間の事情はいかがですか。弁護士の有馬忠三郎、政友会の山崎達之輔が説得したということですが。
● 山崎達之輔は、元内務大臣ですね。それと細野長良、有馬忠三郎、この三人が先輩で……もういろんなのがいて、その人達が最後には京大に行ったり来たりでね。一人一人呼んで、母校をつぶして君たちは何とも思わんのか、と言って各個撃破されるんです。見てみろろくなやつは来よらん、あれでも大学はつぶれんよ、つぶれんけれども、見るも無残な大学になってしまう、君たちにはやっぱり責任がある、後継者としてなんで母校を荒廃させていいのか、などと言ってね。言われてみるとそういう気もして……結局、口説き落とされたことになるんです。

――黒田、大隅、於保、大森、中田の各先生と、先生との六名が復帰されたわけですが、佐々木先生には六人一緒ではなく一人一人会うといわれたわけですね。

●それはね、私は辞めることについては、単独行動で人と相談せんといってたんです。相談すると人を引きずり込むからということでね。しかし、帰るときはみんながアンブロックでないと帰れない、帰るならばアンブロックだという条件を私達の方から出したんです。そしたらみんな、帰る帰らんは自分の自由だ、アンブロックにすると、きっと学部はよりごのみをすると嫌ったんです。本当に欲する人だけ帰ってもらって、他の人達はそういうふうに取られたら帰っても仕様がないというようなことで、アンブロックで何するといったけれども結局最後は別々でないとしょうがなかったですね。

佐々木先生には帰るものはお世話になっておるんだから、いっぺん復帰しますのでご了承願いますということで、挨拶せんといかんということでした。一人一人会おうといってね。その後新聞社が来てかきまわされた。私等は、免官になった教授方のところにお一人お一人挨拶してまわったんです。佐々木先生に会った後、末川先生・恒藤先生にも全部にね、全員です。末川先生や恒藤先生は、それはやむを得ないといってましたね。滝川先生は黙っていましたけれどもね。私等は、そういうことの筋道はちゃんと立てました。

ところが、新聞社が、そのうちに若い奴等がそういうことをしているということで、わっと後をつけてくるんですね。最後に田村先生のところに行って、先生と同室でいたときに、面会を申し入れて来たんです。黒田さんや大隅さんがいるのに、田村先生がどういう訳か私を別室に呼んで、「佐伯君新聞社がわーわーいっておる、これは君がいってまとまりをつけなさい」というんですよ。私が「私はちんぴらですから、もっと先輩の黒田さん、大隅さんがやったらいいではないですか」というと「君がやりなさい、つまらんことをいわんで君が全部片付けなさい」といってね。しょうがないので私が会ったんですが、言うことがないから、とにかく大学がつぶれるということで口説き落とされたといったんです。

— ここに（滝川『激流』一九二頁）書いてあるのがそうですか。「私たちは何の理由もなく、復帰したので泥沼に足を突っ込んだようである。何と批判されても仕方がありません」とありますが。

● いいえ、そういうようなことを言ったんではなくて、口説き落とされ帰ったんだと言ったんです。田村先生に、いろいろな理屈をいうなよと言われていたので言わなかった。そんなことでね。私は一〇才も年下なのにいつも矢面に立たされるんです、先輩はいつも後にいってしまうんです。大変不満でしたね。黒田先輩や大隅先輩がおりながらどうして最後になると私を矢面に立てるのかってね。

—助教授三人で回られたのですか。

●助手も一緒で全部で行きました。滝川先生のところにも挨拶に行っています。

—英脩先生にはお会いになったのですか？

●私が復帰するのに、英脩先生と近藤英吉先生が、実に熱心だったんです。英脩先生は、文部省の勘違いで、免官になったんです。いろんなことがありました。

—辞表は出してはいなかったわけですか。

●出してあります。その中から強硬論者を選んだんです。

—七月一〇日に、佐々木、宮本英雄、森口、末川、宮本英脩の五先生と滝川先生の六名の依頼免官の発令があったんですね。

●その後英脩先生は復帰するんです。あれは復職ですかね。

—辞表を出したのは当時の教授全員ですか。

●全員出してそれをピックアップするのです。これだけ頂いて、あとはお返しするということですね。

—英脩先生は復職が前提になっていたというふうに滝川先生の本には書かれてありますが。

●復職が前提になっていたというのはおかしいですね。ただ英脩先生は「最軟派の立場」という一文を朝日新聞に投書したんです。いらんことをなさらんほうがいいと思ったんですがね。

—滝川先生の著書によると「私は辞表撤回の時機を考えているうちに、結局、他の硬派の諸君とともにより抜かれて免官になったのであって、実は玉砕でもなんでもない」というふうに書かれたとなっています。

● そういうことを書かれたことがあります。

― 全員が辞表を出しておられて、最初の免官の対象に英脩先生も入っておられたということですね。

● 何で入ったのかはわからんですがね。私は、先生達がそういうことだから、余り近寄らなかったんです。また辞めるなと言われてやかましかったからね。この残留教授の中に、近藤英吉さんがいるのですが、私は近藤さんとは特別に親しかったのです。私の辞表が受理されるとすぐ、英脩先生と二人でやって来て、それは心得違いだ、大学をつぶしてどうするんだと……。それから二人で一週間か二週間かにいっぺん私のところに来るんです。先生の言うことを今度は聞けとね。

― 京大がだめになるという、いわゆる殺し文句ですね。

● 「他の人達はみんな帰るつもりでおる。お前が帰らんから、みんな動きがつかんと……おまえがとにかく悪いんだ」というんです。私の方は、最初から辞める時にも人を引っ張っておらんし、私は知らん、帰るなら帰ったらいいと言ったのですが、「おまえが動かんとみんな動かんし、みんなお前に義理立てしているみたいだぞ」と言われて、ここが一番参ったですね。

《「滝川事件の真相」》

― 中田先生も、「当時若手のリーダーは佐伯先生でした」というふうに言われています。

● そんなことはありませんが、助手と一体だったように思います。助教授だけれども一番びりっこの方で、他の助教授よりうんと年も若かった。助手とはぴったりいくんで、助手と運命を共にするつもりだったんです。だから、助教授団とは一線を画しておった。だいいち、助教授といっても、年もかなり違うでしょ。小僧っ子でしたからね。当時、出版された雑誌の中に「滝川事件の真相」とかいう文章が載っていて、多分大学院あたりにいて内部の事情をよく見聞していた者が書いたと思いますが、非常に残念なんですが、それが見当たらないんです。

当時、京大関係から学生評論とか、社会評論とかいう雑誌が出ていて、そのどれかの雑誌に載ってたんです。これが一番いきいきと京大事件の渦中の人々の動きを如実に伝えておるのですね。

― 著者は匿名ですか。

● 名前は匿名です。あの事件に関係した連中に聞いてみても、みんなもうないというのです。浅井君や加古君は、残してあると思ったけれども、ないんです。末川先生の記録にもなかった。これは、滝川先生の一番痛いところを突いた文書だと思いますね。当時、内側から滝川事件で戦った若い者の意見が書かれていました。

― 法学部の学生でしょうか。

● 私が思うのには、これは、後で残ってドストエフスキーか何かについて論叢に書いたことのある男です。たしか、社会評論という雑誌です。その頃の雰囲気を反映した雑誌で恐らく三、四号で消えていくようなものでしたね。私共の場合は、辞めてまた帰るんだから、辞める理由と帰る理由が食い違うのは当たり前ですね。辞めるときは大学がつぶされてもかまわんと思ったけれど、やはりつぶされては具合が悪いと云われてそうかなという気になったということですね。

— 滝川先生が、当局から因縁をつけられたというのは別として、滝川先生の言動には、若干問題があったようですね。

● 滝川先生は無用な言動が多かったですね。だから、牧さんたちが辞表を最後まで出さなかったというのも、分かるのです。辞表撤回の時、滝川先生は教授会にはもういなかったと思いますが。滝川先生は非常にエキセントリックなところがありましたね。例えば、天皇が京都を通過したりすると、そのころは勅任官の教授はみんな駅までお迎えに行ってご挨拶をしたのですが、滝川先生はそれをせんのです。英脩先生が、みんながするから滝川君一人がやらんでもいいんだけれども困ったもんだ…自分では筋を立てているつもりだろうがね、と言っていました。

そういうように非常に個性的で表現が激しいんです。世の中が変わってきていることに対する警戒心というものがなくて、それまで自由にできたのと同じようにやっておられてるんですね。ですからやはり言葉尻をとられたのでしょうね。当時、学内では滝川先生には失火の責任があるという説もありました。

《沢柳事件》

―学問の自由という点についてはいかがですか。

●この事件の大分前に沢柳事件（大正三年）がありましたね。

―先生が京大新聞に書かれた論文に「所謂京大事件」という表現がありますが、これはその沢柳事件をさすのですか？

●いや、それは違います。それはさきに触れた大正三年の思想犯検挙事件（三・一五事件）のことだと思います。その事件で京大の諸君が、ぞっくりやられるんです。全国のサークル運動は先ず、京大から来ているということですね。京大事件というのはそれだろうと思います。

―確かに先生の先ほどの論文には「現代社会の矛盾を解決すべくマルクス主義により国体と私有財産制度を改廃せんとした」いわゆる京大事件となっています。

―ところで、沢柳事件というのは、教授会の人事権に関するものですね。

●そうです。当時は、文部大臣が先生を勝手に罷免したのに対して法科大学の教授が抗議し、結局、教授会の決めた人事を文部省がそのまま、丸呑みにするのがいいんだということになって、一応教授会側が勝ったということになりました。その後は京都大学の伝統というのは、教官の任免は教授会決議に従うということであるというようになったんです。ですから、滝川事件は、確かに教授会の危機でした。

当時、教授会を構成したのは正教授だけで、助教授は入らなかった。例えば、当時、いま現に助教授の入っている部屋でも教授が入りたいと思う場合には、その部屋を空室とみなすという決議をしたことがあります。もちろん助教授らは憤慨しました。表向きは大学教師だといいながら、結局、教授の横暴を認めて助教授の人権を無視するとは何事であるかとね。教授会といっても案外いいかげんなところもあったんです。

とにかく滝川事件では、人事というのは既得権だからこれを守らなければならないということでしたね。しかしいずれは滝川教授は教授として適任であるかということになってくる。そうすると滝川先生の学説や思想の問題になってくる。そこで文部省はマルクス主義で適任でないというけれども、彼はマルクス主義であるか、適任でないかということは教授会で決めることだ。それを勝手に文部省か決めるとは、けしからんという戦いです。

しかし、結局、滝川教授の学説はマルクス主義や革命ではないということを云わなければならないところまで追いこまれた。そしてそのためのパンフレットを作って、滝川先生の思想はそういうことではないと主張する必要が生じてしまった。しかし、当時の学問の自由というのは、結局、教授としての適否の認定は教授会にあるということでしたね。学生には直接の関係はないことになっていたし、助教授にも発言権のなかった時代でした。

―教授会という名がつくと全く助教授は入ってなかったんですか。

●そうですね。助教授を含めた会議といったものも全然ありませんでした。助教授は全部部屋住みで、およそ何も発言権はない。ただし講義は分担させられるというだけですね。尤もそれが助教授にとっては有難かった。とにかく勉強さえしていれば良いのですから。
―滝川事件と関連した教授会内部での議論は、すぐに助教授に伝えられたわけですか。
●教授会で決定したことは申しわたされる。それを受けてまとめるような助教授の集まりというのはないのですね。
―現在の大学とはかなり違いますね。

《滝川先生の「失火責任」》

●当時、滝川先生は、本当はせんでもよいことをして我々に散々迷惑をかけたといわれてもしょうがない状態でした。尤も、そういうことは誰も言いませんわね。誰も言わないけれども宮本先生は相当何か感ずるところがあったのでしょうね。残留した先生にはそれがありました。みんな被害者意識ですね。だからあのときもそこまで命がけで守ってやるような人柄かっていう感じがあったのでしょうね。
―当時の客観情勢のもとではあげ足をとられるようなことをすること自体が軽率だといわれても仕方がないでしょうね。
●ところが滝川先生はそういう自分の軽率だと人から言われるような事を決して軽率だとは思っておられないし、自分は一〇〇%正しいので、非はことごとく敵にありということだったから、先生のことをよく知っておる人達からは、少し距離をもたれていたんです。

――少なくともご本人から自慢していうような事件ではなかったようですね。

● 本当はご迷惑をおかけしましたと一言あってしかるべきだ。それを英雄になって進め進めという資格はない。出さんでもいい火を出して、みんなで一所懸命消しておるのだから、本当は皆様ご迷惑をおかけしましたと言ってまわらなければいかんのに、自分が指揮官のような態度をとっているのはおかしいのではないかと、そういう感じが若い者の中にはあったんですね。

みんなが職を賭して大学自治のために、戦っておるのに、事件を惹起した滝川先生が督戦に来るのですね。ベレー帽かぶって、ニッカポッカズボンを引っかけて、「しっかりやらんか」とか、事件が片付いた後での論功行賞みたいな話までしているということだったのです。私はそこにはいなかったのだけれど、滝川先生が、助手、大学院の学生ら助手講師団に、そういうことを言ったというんですよ。

その連中がとても怒ってね。「何ということをいうか、自分は火元の責任者じゃないか、自分の失言などで大学全体を大火事にしてそれをみんなが命がけで消しているのに、督戦隊みたいにして来て、しっかりやれとは、何ということだ」と怒るんですね。それで私が他の諸君から文句を言われた。迷惑をかけた先生の過失のせいで自分たちが火を消しているのに、ご自分の失敗は棚に上げて、後々の論功行賞とは何事だというようなことをね。

それで他に人のいないところで、私が滝川先生にじかに「督戦みたいなことをしにいらっしゃらないほうがよろしいですよ、かえってみんなが気持ちが反発しますから、余りいらっしゃらない方が良いと思います」といったのです。これが私と滝川先生との行き違いのそもそものもとです。先生は大体、気が弱いので、そのときは「ウン、ウン」としょんぼりしておられたけれども、それから俄然、先生の私に対する態度が変って来たんです。

その後それらの連中を呼んで御馳走したりしたらしいんですが、私には全然おさそいがなかったですね。私の忠言も出過ぎだったかもしれないのですが、それを申し上げないと先生の方が段々不利になるからと思って言ったのですがね。ところが、それから先生と私がどうしてもピッタリこなくなった。先生の方がピッタリこないのですね。その本当の原因は、あの忠言だろうと思いますね。

―教授は絶対であって、助教授はその下といった滝川先生の意識があったかもしれませんね。

●そういう大学教授会の独裁というのは、大学の使命として守らなければならないのかは何かという観点のもとで、今日から見ると、見当外れのところがありますが、当時はこれが、大学の自由の一つのシンボルでしたね。

《京大法学部の対応》

―滝川事件は滝川先生個人に対する問題というよりも、京大法学部に対する問題という形で展開されたわけですが、その点はいかがでしょうか。

●私は滝川先生個人に対する問題として処理できたと思いますね。問題の解決の仕方としては総長がね、滝川先生の罷免を進達して自分もさっさと辞めてしまえばどうしょうもない。総長も、うろうろして余り煮えきらんかったようですね。法学部の部長に全部責任を負わして、わしは知らんと逃げよったんです。

―京大法学部はそういう形で、まあ、一見、団結したわけですね。

●それはやはり沢柳事件の伝統があったからでしょうね。闘って日本で京大だけが自治人事権を確立したということで、やはり誇りと責任感がありました。自分たちもこの問題で一歩も譲ってはならんとそういう意識が、みんなにあったと思いますね。

―その点、残留教授については、いかがですか。

●辞めてから後に復帰した点ではもう一つ論理がありましたね。それは、一応自分たちは筋を通して辞める。しかし、辞めた後はこの問題についてはこれだけにして縁を切りたい。辞めてから後は別の行動をとりたいという思いがあったんです。だから辞表を受け取らせたら、それで一件落着であって、後の自分たちの身はそれと関わりなく別に決めたいという思いですね。だから弁護士になろうか、裁判官になろうかとみんないろいろな思いをしていました。

残留した人たちもおるのですが、我々辞める側の者の志としては、辞表をとらせたら、そこでもうこの問題についてはわれわれは解放してもらいたい、我々がこれから何をしようとこの問題に拘束されることなくいきたい、とみんな思っておったのです。本当はね。辞めたい人達が辞めたことで、これですんだと、そういう意思が非常に強かったですね。

《京大訣別論文集》

――あのときに京大訣別論文集が出されたわけですが、正に訣別ということですね。

● 京大事件とも訣別ということですね。

――辞められるときに、よくあんなに原稿が集まりましたね。

● みんなやはり秀才ばかりでしたからね。あの事件で勉強できなくて、みんないらいらしておったんです。やはり勉強をしないと駄目だという雰囲気はまだあったんですね。

――先生はこの訣別論文集にフォイエルバッハの責任能力論について書いておられますが、当時は責任能力についての関心が特に強かったんでしょうか？

● いいえ、むしろ責任一般ですね。責任一般の一つとして責任能力を扱ったわけです。当時、フォイエルバッハの本が京大には一冊もなかったのです。フォイエルバッハの本物にあこがれていましたね。だからその後、京大に帰ってから、昭和一一年か一二年頃に東北大学まで見に行ったりしました。

――その当時東北大学におられたのは木村先生ですね。

● そうです。木村さんに連絡してレヴィジィオンを貸してもらえんだろうかと言った。木村さんは貴重な本だから貸せんが、来て読まれるんであればいいだろうと言われたんでね、見に行ったんですが、パラパラとあっちこっちひっくりかえしながら読むといった程度でした。

《京大事件が及ぼした影響》

―京大事件が学問ないし研究に対して及ぼした影響というものはどうですか。

● 停滞状態でね、大変でした。我々が帰ったからまた学問の森として生き返ったが、それまではもう全然だめだったですね。戻った六人が憲法（黒田）、民法（於保）、商法（大隅、大森）、刑法（佐伯）、民事訴訟法（中田）だから、六法の中心がスポッと全部抜けていたが、また戻ったということで、情勢は全然変わったのです。このことがなければ、本当に京大法学部は散々な状態に陥っていたでしょうね。もう一ぺん東大と対決するような大学にせんといかん、という気持ちでいっぱいでした。

―やはり東西の帝大ということが頭にあったわけですね。

● ずっと東西両帝大ということでしたからね。だから随分みんな勉強しましたね。しかし、当時は私のかく論文にまで滝川先生からけちをつけられたことがありましたね。滝川先生はなぜか再建法学部に対して全く否定的でした。自分たちがいなくなったのに若い奴等だけで復活できるわけがないではないかと思っておられたのでしょうね。

―滝川先生は京大がつぶされても構わないという気もあったんでしょうか。

● 佐々木先生や滝川先生はむしろこの戦いには負けないと思っておられたようですね。だからこそあのような強気の言動があったのだろうと思いますね。以前の沢柳事件では最後には勝っているのですからね。

夏休みに入ってから佐々木先生のところに私一人呼ばれて行ったことがあります。いろんな話をしているうちに、佐々木先生が、学生諸君は今は休みでいないけれども、夏休みが終わって帰ってきた学生達の運動が始まったら、このままでは済みませんよと強気の話をなさる。私は、人を引きずって一緒に死地におもむくのは嫌いです。それで佐々木先生に対して、私は学生諸君に対しても、「我々は立場上辞職しなければすまんのだけれども、諸君は大学に学生として勉強をしに来たのだから、途中で退学したりしないで、勉強してくれなければいかん」と言っているんですといいました。すると先生のご機嫌がとても悪くなって、これはお気持ちに背いたのかなと思いました。

私としては、我々は大学の職員として父兄から学生教育を頼まれて預かっておるのでそれを我々が辞めるからといって、全部学生を退学させるなんてとんでもないことだ。辞めるのは我々だけでいい、何で諸君までが大学を辞めなければならんのかといったのですが、それが先生のお気に障ったのを感じて、その時、先生はやはりこの戦いを勝てると思っておられるんではないかと思いました。そういうお考えでおられたということであれば、先生方の言動も理解できます。

それは、しかし私等とは全然考え方が違いました。私共は負け戦と思っていますし、負けると分かっていても立場上、辞意を維持し、戦と共に滅ばねばならんと思っていましたからね。さきの滝川先生が論功行賞のことを口走っておられたのも勝つと思っていらしたからでしょうが、甘すぎますね。

── 論功行賞の中身は何だったのでしょうか。

●これで勝ったら就職を世話してやるなどですかね、助教授、講師、助手もいましたからね。

―先生が辞めたら、学生も抗議して辞めるという発想には問題がありますね。

●自分の信念を貫くために、学生も自分と一緒に最後まで戦って死ねという考え方ですね。思想とすれば一貫するけれどもやはり、余り現実的ではないですね。英雄を作ってはいかんのですよ。むしろ、必然の成り行きが英雄を動かしておるんですね。

―大学に対する国からの干渉という点はいかがですか。

●京大事件で徹底的に法学部が戦ったということで、大学に対する干渉をあまりしたら危ないという感じも文部官吏に持たせたと思いますね。

―滝川事件の余波はいかがでしたか。

●本当に悲劇ですね。若い者ほどそうですね。これからやっていこうとする森順次助手まで依願解職になり、佐々木先生の助手だったということで一緒に復帰できませんでしたからね。我々と別れるとき、森君は泣いていました。みんなとずっと一緒にやってきたんですからね。

《京大事件その後》

―京大事件の時の法学部側のリーダーというのは佐々木先生ですか。

●滝川先生、佐々木先生はかなり独走しておるんですね。宮本英雄先生はこのような立場に立ったかぎり、もう死なねばならんと言っておられました。筋を立てるということです。辞めた後いろいろ構われたくないので、学者も辞めてすぐに弁護士になってしまわれました。阪急の顧問なんかをしておられました。それから牧健二さんが残留したということが非常に頭に残っています。学者的良心があって、非常に繊細な性格の方なんです。真実をごまかしたりしない。

―当時は現在と違って大学も少なかったんでしょう。辞めるということは、学者は廃業ということですね。

●どこの大学からも誘ったりすることはなくてね、同じポストはないでしょうね。やはり弁護士になるとかしかありませんね。

―先生が野沢に静養にいかれたのは滝川事件の後ですか。

●後ですね。復帰して後から、昭和九年夏ですかね、一〇年か…昭和八年に結婚したので…。京大事件の始まる頃から咳をしたりして非常に悪くなり、肺を悪くしてね。野沢でだんだんと良くなってきました。

―昭和一〇年五月に黒田先生が、天皇機関説の関係で渡辺宗太郎先生にかわって憲法担当になったという記事がありますが、どういういきさつだったのですか。

●黒田さんは政治学なのですが、憲法学、国法学もずっとやってはおったんです。天皇機関説が古いといって、ドイツの最新学説によって批判をしておったんではなかったですか。黒田さんの先生の森口繁治さんは、とうとう佐々木先生に憲法の講義をさせてもらえなかった。佐々木先生は、本来は憲法の講座を持ってはいなかった、行政法の学者でしてね。もともと憲法は市村先生ですね。その市村先生のお弟子さんが森口先生、その弟子が黒田さん、大西さんと続くわけで、お二人は森口先生のお弟子さんなのです。

Ⅶ　京都帝国大学教授

《助教授から教授へ》

― 先生の助教授時代は、昭和七年（一九三二年）から一六年（一九四一年）までの九年間ですね。

● そうです。

― 何年間助教授をすると教授になるという決まりはあったのですか。

● ないですね。教授にするには若すぎるという理由もあったでしょうね。五〇歳すぎないと教授になれんのが普通でしたから。経済学部はそうでしたね。

― 先生の前の頃は、助教授になって数年くらいで教授になる人が多かったんではないですか？例えば末川先生とか、その上の方とか。

● それはそうかもしれませんね。大体、助手、助教授からやっていくという制度が確立されたのは私らの少し前くらいでしたからね。

――現在の京大は早いでしょ。七年くらい…先生は一〇年でしょう。でしたら遅くないですか。

● 当時としてはそうでもないです。私の年で教授になったのは早い方ですね、他の学校にはほとんどなかったでしょう。

――教授になられた頃、法学部の担い手となっていたのは、どんな方でしたか。

● 復帰した連中ですね。この連中が支えていくことになるんですね。それと近藤さんがいましたかね。しかし近藤さんは昭和一四年ですか、早くに亡くなりましたが。

――その頃、滝川事件で辞められた先生方の影響というのはありましたか。

● そういうのはなかったですね。学問では、こういうと失礼ですが、あの先生たちにはそれだけの力はなかったですね。滝川先生も退官ということになったけれども、本当のところは以前から余り勉強しておられなかったのですよ。

――先生個人について京大事件の影響といったものはいかがでしたか。

● 復帰したということから裏切り者だとかいうことで、学問的にけちを付けられたということはありました。あれは「身分と共犯」かな、滝川先生のとりまきがそれを私が助教授で責任が軽いから書けるんだと新聞に投書したりしたことがありましてね。いやがらせ的でしたね。しかし、そのうちに、先生もあの論文を無視できなくなったりしましたがね。いずれにしても復帰した連中は大学の再建は自分たちの手でやるという意気込みで、随分みんな頑張って勉強しましたね。

《タートベスタント論》

― 当時、先生は共犯の論文をいくつか書かれた後に、「一身的刑罰阻却原因」（昭和一一）、「客観的処罰条件」（昭和一二）、「主観的違法要素」（昭和一二）さらに「責任と危険性」（昭和一四）とつづいて、期待可能性に関する諸論文を、次々と仕上げておられますね。

● それはね、自分で後から考えてみると、すでに京大事件の前に私は、「刑法に於ける期待可能性の思想」（昭和七）と「タートベスタント序論」（昭和八）とで自分の歩く道を決めてしまっていたような気がします。みんなその中に入っているんですね。「刑法に於ける期待可能性の思想」の中で、一身的刑罰阻却事由というのは、むしろ期待可能性の思想の表れであるということも言っています。そのときは客観的違法性に対して責任は規範的責任ということを言っていたわけです。

小野先生達はタートベスタントを「構成要件」と訳されていたけれども、ドイツのタートベスタント論というのをよくやって見ると構成要件に該当する事実とは故意の関係すべき客観的事実をいうのですね。そして、刑の加重軽減事由がタートベスタントに入るか入らないかがドイツでは問題とされているんです。そういうことが私の「タートベスタント序論」の土台になっていたんです。

私のいう犯罪類型は違法のモメントも責任のモメントも含んでおるけれども、それはしかし、ドイツのタートベスタント論ではないですね。責任要素はタートベスタントとは別なんです。するとドイツ刑法上のタートベスタントとは、どういうものか、故意の予見内容となるべき犯罪の客観的要素を指すというのだが、ではなぜそういう要素が故意の対象になるのか、故意の対象とはならない客観的要素はあるのかなどいろいろ問題になってきて、その関係を追究していると、それは直接にはむしろ違法と係りがあるだろう。故意の対象になるのはそれが可罰的な違法事実だからではないかというように考えた。当時のドイツのタートベスタント論というのも、それをずっとこのように探していくと、どうもそうならねばならぬような気がしてね。

しかし、タートベスタントが可罰的違法類型として捉えられているというようになると、これは犯罪の一部に過ぎませんね。全体を含む犯罪類型があってその中の違法モーメントをまとめたものがタートベスタント＝構成要件だということでないといけない、ということをそのときに実はもう言ってしまっていたんですね。

そうすると一方では、通説の今までの客観的処罰要件というのも、違法要素の中に必ずしも認識まで要求されない違法要素があるんではないかということになり、他方では、主観的違法要素が大変気になってね。こうして責任と違法というものが気になって、ずっとそれを見つめていくということになったんです。あらかじめ見込みを立てたその見込みの報告がタートベスタント論、可罰的違法性論ですかね、それから後で自分のたてた予測が当たっているかどうか個別的に点検していく作業がずっと続いて、それが主観的違法要素、客観的処罰条件、一身的刑罰阻却事由とかの論文になってくるんですね。

《共犯論への展開》

● そのように違法・責任でいったのですが、一身的刑罰阻却事由を、責任か違法に関係する要素だというようにとらえてみると、日本の刑法には二四四条などに、身分のない共犯の規定がありましてね。どうも身分と規範的責任論との関係が問題になってくる。親族間の犯人蔵匿や親族間の贓物行為には身分者は処罰しない規定がありますね。それと親族相盗の場合に有罪だが刑を免除するとされているのは、罰しないという点では同じなのですね。

親族相盗については、伝統的に、家の財産だとかの共有的な思想があるので、他人のものを取るのと、親の物を取るのでは違うと、親の物は子の物と、家族的な共有という考え方が実際にあり、親族相盗もそれがひびいているのだから、それは違法の問題であって責任までは及ばないと。これに対して、親族間の贓物行為の場合は、身分関係はどうであろうとも、違法は同じですね。それにもかかわらず親族は処罰されないというのですから違法とは関係なく、責任で考えなければならないというように考えたのですね。

── 刑法二五七条は一〇五条の親族間蔵匿の方に近いということですね。

● そうです。期待可能性に結びつくのは、二五七条あるいは一〇五条ですね。そうすると、親族でない者が共犯として罰されるというのは、違法だが可罰的違法性のない行為にも共犯が成立するし、また期待可能性すなわち責任のない正犯行為にも共犯が成立するということになる。そうすると、それと六〇条以下の共犯規定についての従来の解釈とどうも喰い違ってくるのですね。それを惚けて、知らん顔をしてやってきたんです。

よく見てみると、マイヤーの制限従属形式の方が共犯の形式としてもいいのですね。そういう目で見ると、日本でも予備草案、仮案などだけではなくて、ドイツの草案もずっとそうだったんです。制限従属形式をとるようになってきたんですね。日本の予備草案や仮案もそれを受けて制限従属形式を採用するということになったんですね。そういうことから今までの解釈の方がおかしいんだという感じになって、共犯の論文を書いてみたんですがね…

―基本は制限従属形式の考えだったわけですね。

● 刑法二四四条、二五七条を私のように考えると、二四四条の親族ならざる共犯というのは、実は、窃盗罪としての可罰的違法性もない行為に対する加担ということになるんですね。

《間接正犯論》

―二四四条の場合、窃盗罪の構成要件には該当するけれども、可罰的違法性なしと考えられたのではなくて、もともと可罰的違法性類型である構成要件に該当しないと考えられているわけですか。

● 違法でなければならんのですね、しかし、構成要件に完全に該当しているとはいえないかも知れない。共犯の他人性ということから、正犯の行為の欠落部分が補充される、そういうように法律は考えているんだろうと、これが日本の刑法の現実であって、およそ正犯の行為は完全に構成要件該当というような行為でないといけないとまでは、どうも言えない。

そこまでいくと結局、間接正犯がみんな共犯に入ってしまう訳ですね、間接正犯というのもはっきりしているように見えたけれども、よく考えてみると条文上の根拠は全くないでしょう。罪刑法定主義違反という人もおったのではないですかね。ドイツあたりには…。宮本先生等も間接正犯なんかは逃げ口上だとおっしゃってましたね。

── 当時、共犯関係について学界での議論はどのような状況でしたか。

● それなりの議論はあったけれども、今のような問題の提起はなかったんですよ、全然。極端従属形式を徹底して主張していたのは滝川先生ですね。小野さんは昭和五年か六年頃にされた刑法講義で、制限従属形式で解釈できるということをおっしゃっていた。牧野先生は共犯独立性説を主張されていましたが、最後まで私が何をいっているのかわからなかったようですね。宮本先生と私がどこが違うのか、よくわからないと手紙に書かれたことがありましたね。

私がこういう思い切ったことを言う勇気がでたのは、当時のドイツや日本の刑法改正の動向がそっちの方に行っておったということもありますね。それに対して間接正犯は完全には制限従属形態でも共犯には吸収されない、という議論が常にありました。立法意見の中にもありました。だから制限従属形式をさらに緩和しなければしょうがないんだ、という私の言うようなことはなかったですね。

そういうことだから、共犯のことは、私にすれば期待可能性論や可罰的違法性論からのひとつの波及作用でね、私自身は共犯なんてちっとも面白くなかった。それはね、どっちみち処罰されるでしょう。間接正犯として処罰されるか、教唆として処罰するかという名前の付け方だけです。どっちかの理論をとれば処罰されないということなら非常に関心を充足されるのだけれども、要するに名前をつけるだけ、いわば盆栽の並べ替えかせいぜい植物分類学的な問題や研究ということには、非常に興味が無くなってきてるんです。そういう思いに至ったから、実に潔く、共犯の問題を扱うのはやめてしまった。それはね、同時に、植田重正先生がそういう問題を引き続いてやろうと一所懸命やってくれていたから、その方に任せようという気持ちもありましたね。

《啓蒙時代の刑法》

― そうすると可罰的違法性論と期待可能性論とタートベスタント論とで骨組みは昭和六、七年あたりでできてしまって、あとはそれを検証するという形で共犯・客観的処罰条件・主観的違法要素などを書かれたということですね。

ところで、先生は「啓蒙時代と犯罪類型」を昭和一三年に書かれ、一四年には「フリードリッヒ大王と刑法」を書かれていますがこれはどういうきっかけからでしょうか。

● ブルジョワ刑法学の発展というテーマは、私の本当の関心があったところなんですね。助手から助教授になった頃に恒藤先生のお弟子さんたちの研究会でそれをやったりしていましたが、本当は私があのようなことをやろうといってみんなにやらせたんですよ。

やはりどうしても、マルクス主義的な世界観、歴史観から離れられない。そうするとこういうような刑法学は、どうしてできたのか、これからどこへ行くのだろうかということがね、私の心の中で非常に強く問題になっておったんです。だからリストやマイヤーの本を読んでも彼らが否定しようとした旧派、フランス革命と遡っていってさらにその前を一度やらないと本当の刑法学の流れは分からないのではないかという気がしていたんです。

特にそういう目で見ると、罪刑法定主義が確立するフランス革命というのは、そういう意味で輝かしい人類の歴史の画期だという気がしてきました。そのときに近代的な刑法学が出来たんですね。それが本当のブルジョワ刑法学だということになると、さらにそれが否定した封建的な刑法というものを検討しなければならない。カロリーナとかそういういろんなものをやろうとしたんですが、あの頃は文献がなかったのですよ。

《フリードリッヒ大王と刑法》

● フリードリッヒ大王の作ったプロシャのアルゲマイネス・ラントレヒトが一七九四年にできているでしょう。これについてはやはり、ドイツ語だから、研究もかなりあって、京都大学にその研究書や条文があったんです。それを見たら、本当に面白いんですね。その時代の社会や政治や政治家の仕組みが実によく分かる。やはり、封建君主は、人民の後見人であるというような、そういうような考え方でしょう。それは本当にそうですね。

堕胎罪とか、嬰児殺とか、あるいは、添い寝して不注意で、乳房で子供を圧殺するとか、そういうことが大問題なんですね。私生児を生むということは、フリードリッヒ大王の非常な関心事だったらしいんです。そういう論文があるんです。これも、フランス革命の影響ですね。フリードリッヒ大王の作った普通法の中には、「母親は、子供を寝かせるとき、一緒に添い寝をしてはならない。眠りこけて、乳房で子供を圧殺するかもしれない。」「添い寝して乳を飲ませながら、眠ってはならない。」という罰則がありますよ。それから、「食器には、錫で緑青が吹かないものを使いなさい。錫びき、亜鉛びきにした銅の灰は使ってはいけない」という規定もありました。

嬰児殺は、私生児に対して非常に多く起こるから、私生児を産まさないようにと、結婚以外の妊娠をしたりしたら、その女の子は世間から爪弾きにされ、子供を産んだらさっと殺してしまうという嬰児殺の危険があるから、各町村の世話役やおもだった人達は、その町村に不義密通で妊娠をしている娘がいるのではないか、絶えず注意しておかなければならない。もしそれを発見したら、世話をしてやって、決して嬰児殺に至らないようにしなくちゃならん。

そういうような規制がごまんとあるのよね。そのフリードリヒ大王が支配したプロシャの庶民の生活が、まざまざと示されていてね。それに、フリードリッヒが、どういう気持ちで接触したのか、後見人としての啓蒙専制君主ですね。そういうことがあって、大変楽しい法律ですね。それから私はフォイエルバッハにきて、そして、近代刑法にいくつもりだった。

―フランス革命の刑法については、どのように考えておられたのですか。

• その頃、フランス革命の刑法については、ほとんど文献がなかった。オーバーベッカーのアンチクロペディーの刑法などがありましたかね。

ドイツでは、フォイエルバッハの没宗教的な刑法はあるけれども、後はすぐ旧派なんですね。なぜ、新派と旧派の対立が出てきたかということはね、それでは分からんですよ。フランス革命が旧派を生み、それに対して、一八七〇年頃になってから、今度は新派が出てきたというのは安直な歴史的構図ですね。

ずっと歴史を見ていくと、フランス革命の刑法は、旧派の刑法ではない。それは全然違うんで、フランス革命の刑法は、社会秩序を維持するために刑罰はあるので、それ以上はやっちゃいかんという、合目的主義的な、合理的な考え方です。メタフィジュシュな応報とか、神に対する罪の考え方、そういうものはないんじゃないかと思います。啓蒙は、そういう応報とか、旧派的な考え方の否定の上に成立したんではないかと思う。私はそういう見込を立てた。その見込みでフリードリッヒやフォイエルバッハなどをずっと見てきたんです。

フリードリッヒは、非常に理性的な人ですね。合目的的な、フランス革命的な人ですね。それが正しく、啓蒙専制君主なのですね。フランス革命の刑法も、応報的な考え方はどこにもないと私は思った。アンチクロペディー等の考え方からもね。そこには、旧派の応報的なものはあったはずではないとね。フランス革命の刑法と旧派の刑法とは違うと。

フランス刑法で、そういう応報的な考え方が出てくるのは、ナポレオンのずっと後の時代で、千八百何十年かの反動の時期からですかね。フランス革命期には、応報というものはなかった。フランス革命的な啓蒙思想を普及したフォイエルバッハも応報刑論者ではなかったのだと。こういうのは、その当時としては、大変に大胆不敵な推定でしたね。むしろ、旧派は、フランス革命、フォイエルバッハの応報刑論者からずっと続いていて、それをリストやロンブローゾが征伐したという構図でしたからね。

《フォイエルバッハ》

— 前期旧派、後期旧派という言い方は、最近ですね。

● それは最近です。フランス革命期からフォイエルバッハあたりまでは、（後期）旧派とは違いますね。それで私は、フォイエルバッハの本物、レヴィジォーンを一ぺん見なければならないと思い立って矢も楯もたまらなくなって、東北大学まで見に行ったわけです。どうやら彼は応報刑論者じゃないらしいなあというような気だけはしてきてね。グリュンフートの書いたフォイエルバッハの責任能力論は、とても良い本ですね。あれで私は、フォイエルバッハを勉強したと思います。

— それが京大訣別論文集の「フォイエルバッハの責任能力論」ですね。

● あのときにね、実はそういう思いがあったわけです。この本を読んだ当時は歴史的な関心が、私の考えの中では一番のものだったと思います。

— その後、昭和一三年に「啓蒙時代と犯罪類型」、昭和一四年に「フリードリッヒ大王と刑法」

を発表しておられます。

● その頃にはね、もう自分の考え方をまとめてみようということでしたね。ですから、はっきり自分の見通しとして、一応フランス革命の刑法はアンシャン・レジームの刑法の否定として出てくるのだから、客観的にいわば目的と手段によって貫かれた合理的・合目的なものがあって、やっぱりある意味では、一般威嚇だとしたのですね。

それ以外に、犯人の教育改善というものは考えないというカント的な考え方が、フォイエルバッハに出てくるけれども、これはやはり人格の自己目的ということで、出てくるんですね。ただの目的のための手段にしてはならんから、社会秩序を維持するために、教育するというのは、やっぱり教育といいながら、人間を世の中に邪魔にならんような人間にしようとするもので手段視する考え方であると批判していくでしょう。

そうすると、フランス革命的な思想というのは、応報刑論もいかん、特別予防もいかん、一般威嚇もいかんということになりそうですが、やはり一般威嚇でいくほかないんですね。しかし一般威嚇でいくと、その人を威して他の者を犯罪から遠ざけようとする。だから結局、犯人は罪を犯したということとの故に処罰されるんで、それは応報刑論でもなければ、一般威嚇のためでもない、というフォイエルバッハの理論になってしまいますね。

― 法典による威嚇ないし予告的な一般予防との関係はいかがですか。

● 予告的なものは、ちゃんと初めからこうすれば、こうすると予告したんだから、それを知った上でやったんだから、それを知った上でやったのなら、承諾しとるんだという社会契約的な考え方であって、それ以上に応報とかいうことと関わりなくやれる。こういう刑法体系、理論体系をつくったということで、フォイエルバッハは本当に世紀の天才だったと思いますね。しかし、実際やってみた場合、フォイエルバッハの刑法は、理屈倒れじゃなかったですかね。

そういうように、フォイエルバッハを理解してくると、彼は応報刑論者の守り本尊ではなくて、その激しい反対者であって敵対者であったと、それが当時は通説になっていたんですね。しかし、フォイエルバッハは、一八二〇年頃までで影響力がなくなってきたんですね。一八四〇年頃には、全然影響力がなくなってきたでしょう。彼にかわって出てきたのが、刑罰は応報という考え方ですね。これは、ヘーゲルが影響したなんていうけれど、私は哲学だけの影響じゃないと思っていました。

《ロマンティークの反動》

● 社会のものの考え方において、やはりそういう合理的・合目的的な考えで割り切っていくという理詰めの法の理解とか国家の理解とかいうものが、みんなにあまり好かれんようになってくる。特にドイツには何かゲマインシャフト的な基盤があるからね。これはやはりフランスよりはドイツで、革命の合理的精神が否定した旧時代の懐かしい何とも言えない情緒的なもの、信仰深い平和な村のみんなが一緒になって、長老を尊敬しながら、やっている生活、神を恐れ、神に祈りながら送っていたそういう昔の生活というものへの憧れがあったのです。ドイツでは、当然起こってきたんだろうと思いますが、これを私はロマンティークの反動だろうと言ったのです。ロマンティークという言葉で、表現したのが適当だったかどうかわかりませんけれども、私がその当時受け取っていたロマンティークの思想というのは、ちょうどそういうものだったんですね。

シュレーゲル兄弟やノヴァリスの本など、現在読んでもちっとも面白くないんですね。しかし、あれがとにかくその当時を風靡したんですよね。やっぱり法律学には、ロマンティークはありませんがね。政治学には、アダム・ミュラーとかの政治学者がいたはずですが、刑法や民法にはなかったです。しかし民法で歴史法学という形をとっていたサヴィニーなどは、ロマンティークの人達を軽蔑しておったらしいけれども、大きな流れからいけば、やはりロマンティークですね。

ヘーゲルもロマンティークを軽蔑しました。けれども、やはり大きな流れからいけば、昔のフリードリッヒの連帯意識を尊重し、国家とか法の権威というものを強調していくんですからね。大きな意味でのロマンティークだろうと思います。ヘーゲルは、ロマンティークをぼろくそに言っていますわな。ロマンティークは当時の人達、偉い人達から軽蔑されたこともあると思います。

ロマンティークの人達は、みんな私生活が乱れていたでしょう。平気で奥さんを交換してみたり、いろんなことをする。フォイエルバッハ自身がおかしいからね。あれは奥さん以外の人と最後は同棲しておったかなんかですよ。奥さんというのもフォイエルバッハが学生だった頃、イェナかどこかに行って知り合ったんですね。父親もやっぱりイェナの大学でそこにいて恋をしたらしい。

自分もそこに行って恋をしたいと思って、彼は恋をするのよ。それが代官の娘かなんかでそれと結婚するのかな。父親の許しもえずに結婚したというので、父親から勘当されるんです。それで金も送ってもらえんで、大分貧乏しますね。そんなことなのに、確かね、最後にバンベルクの頃同棲していたのは別の女性です。

当時の風潮はね、高裁長官でもそんなことをする時代で、やはりそういうことは、私はロマンティカーというのは、フランス革命の自由平等は非常に満喫したけれども、この自由の厳しさとか、自律とかについては、割合ルーズだったと思うんです。だからやはり同時代の人を引き付ける力がなくて、反発させるようなものがあったんじゃないか、どうもそういう気がするんです。

刑法には直接のロマンティークの思想はないけれども、実は、それが応報刑論になってくるんですね。そういう形でロマンティークの影響を受けて、それが、歴史法学とか応報思想とかいろんな形でドイツに出てくる、いわばそれは、フランス革命に対する反対物である、反対物ではあるけれども、完全な否定ではなくて、やはりフランス革命の自由主義を引き継いで部分的な自由を満喫する、自由は満喫するけれども、秩序はあまり尊重しないということですね。

自由を享受したと同時に、そこから国家権力主義的な応報主義を同時に再現していこうというのが旧派の考え方で、旧派というのは、半分はフランス革命を否定しようとするけれども、完全には否定できない、罪刑法定主義は認めるけれども、同時に国家権力主義を強調するのですね。だから、これは歴史の流れからいえば、本当の本流ではなく、むしろ底流として歴史の中に浮かぶある時代的なものだという風に私は考えたんですね。そしてそういう見込だけを「刑法に於ける人間観の問題」で書いたんです。この論文は近代刑法学の発展という点で、まだ立証していない私の見込を書いたわけです。

ドイツにもそういう考え方はないと思います。私に似たようなことを考えているんかなと思う人はいましたがね。いつか平場先生がドイツに行っておられた時に訪ねたことがあるんですが、そのときハイデルベルクの大学院の学生がついてきてね、歩いて話をしたとき、この法哲学や公法におけるロマンティークの話をしたのを大変面白がってね、「僕も賛成だ」といっていたことがありましたよ。

《刑法学は時代の産物》

― 最近、一般予防論が盛んですから、フォイエルバッハの一般予防論と旧派の一般予防論とが、大分違うということは言われているのですが、そのもとに旧派のロマンティークがあるというところまでは認識されていないかもしれませんね。

● 私は、思想というか、ドイツ国民の気分がそういうふうに動いていったんだろうと思うのですね。戦後の日本でも一時、アメリカ的民主主義を非常にもてはやしたが、やがてそれに対する一つの反動が起こってきているでしょう。そうなると、アメリカ的民主主義を謳歌した人たちもいつの間にか「具合が悪い」というような気持ちになってきますね。前に言ったことと違うことを平気で政治家でも言ってますね。

― 刑法学というのは時代の中で時代の産物として行われているという御理解は、研究を始められた一番最初からのものでしょうか。

● そうですね、一番大事なところ、これだけはどうしても守らにゃならん、実現せにゃならんというところに刑法がでてくる、だから時代の動きの最先端に一番鋭角的に刑法が現れてくるという考え方でしたね。

― そこのぎりぎりのところが、たとえば確信犯と期待可能性の国家標準の違いに現れてくるということですね。

● そうですね。

Ⅷ　戦時中

《第二次世界大戦》

―　教授になられた昭和一六年（一九四一年）からは大変な時代になってきますが、真珠湾攻撃は昭和一六年一二月八日でした。それを聞かれたときの記憶というのは残っておられますか。

●　それは、はっきりあります。あれは確か日曜日じゃなかったかな。子供を連れて、私の母も来ておって、かみさんと四人で動物園へ動物を見せに行こうといって、歩いているときに、真珠湾攻撃で日本が戦争に入ったと聞いたんですよ。とうとう来よったなとね。本当に日本は終わりだなという気がしましたね。その後、勝った勝ったというけれどもね、とにかく大きい国と小さい国とで問題にならんし、味方は、頼りない奴ばかりでしょう。

私はドイツと日本が連合するということが一番心配だったんです。何せ相手はヒトラーでしょう。ヒトラーのドイツというのには、私は全然共鳴できなかった。そのヒトラーの動きがでてくるのは昭和八年ですが、その当時「改造」に、「刑法学の危機——権力主義刑法思想」というつまらんものを書いたんです。シャフスタインやダームとかによってドイツ刑法学が引きずられていくという傾向がかなり濃厚で、こんなことでは、本当にドイツの刑法学というものも危なくなるんじゃないかという感じでしたね。

ですから、そういうことを思い出すと、昭和八年頃、滝川先生が辞めさせられる頃には、もうかなり厳しいおかしな雰囲気になってきていましたね。

《勤労動員》

—当時、戦時下の学生の様子はいかがでしたか。

● 学徒出陣で学生がいなくなるのはずっと後で、昭和一八年ですね。それまでは勤労動員ということで引っ張っていましたね。農村の暗渠排水とか、冬の間に水はけをよくするために沼の泥の中に入って水路を拓いたりするんですね。これはかなり厳しい仕事ですよ。

末期にはみんな動員されてしまってね。残っている人達、身体の具合の悪い人達も、研究室の補助とか何かに使ったり、勤労動員にも行っていました。境二郎君達は、最後までみんなを引っ張って勤労動員にも行っとったからね、それから東本君も、戦争から帰ってきて今度は勤労動員で石川県かどこかにみんなを引っ張って行っとった。

―　戦争の末期にはもう講義や研究はできなかったわけですね。

●　講義というのは、もうなかったですかね。できなかったわけじゃないんだろうけれども、勤労動員に明け暮れるということになっちゃったんですね。

―　教授になられた昭和一六年、一七年頃は、もうそういう状態でしたか。

●　私が教授になってから一、二年後は専らそういう状態だったような気がしますね。やっぱり一七年、一八年くらいではなかったでしょうか。

―　その頃、客観的には、戦争は負け続けで、ミッドウェー、ソロモン、マリアナ、レイテと続くんですが、その頃の報道自体は、勝ったというものだったわけですね。

●　だからもうそれは、神風に祈る他はない状況ですね。

―　インテリ階層の人は、ある程度戦争の全体の状況は分かっていたんでしょうか。負けに向かっている、敗戦に向かっているということは。

●　負けに向かっているとはみんな思いたくなかったでしょうね。なかなか勝てない、極めて困難であるということは、みんな思っておったんではないでしょうか。しかし、負けたくないという希望的理論ですね。それは私等も、そういう思いでしかすごせませんでしたね。

私の家内の叔父がね、佐々弘康という人で九州大学の政治学の教授をしてたが、戦前に追放されて戦争末期に朝日新聞の論説委員になっていた人がおりましたがね。この人はやっぱり絶対に勝てっこないといっておった。どうすれば少しでも上手に終結にもっていけるかということに心を砕いておりましたね。

— 戦時中の昭和一八年、一九年頃の学生生活というのは、そうするとどういうことになりますか。

● 学生生活は、健康なものは兵隊に行くし、まだ年齢がそこまでいかん人達その他まだ兵隊に行かないでおる人達は、勤労動員に引っ張られるという状態ですね。それも農村に人が足りなくてお百姓に行って農業の手伝いをするとか、直接軍需工場に行って兵器作りに関わっている者や様々だった。京都大学の生徒達は、滋賀県などの農村に行くことが割合に多かったですね。これには、先生が必ず付いておらんといけなかったんです。農村は、割合大事にしてくれるし、それから食物が大変な問題だったんですよ。農村だと飢えるということはなくて食べられるということで、辛いけれども我慢できたんですが、都会の軍需工場とかは悲惨だった。

そういうことになってから、学部で勤労動員の世話をする人がいなくちゃいけないということで勤労先との談判とかの責任者を、結局、私がすることになったんです。特に軍部との談判はみんな嫌がったんですよ。他の学部の先生達は、みんな嫌がってね。それで、結局、私が引っ張り出されることが多かったんです。

大阪の造兵工廠にも法学部の学生が何十人か引っ張られてね。法学部の連中は放出《はなてん》に自動車修理工場があって、そこに配属されてね。鴻池新田というところにその工場の寮があって、その寮に何十人か集めて、毎日片町線で放出まで行って、自動車修理をやらされたわけです。これも出動するときは、私がついていきました。それがね、空襲の一寸前に解除されて帰ってきた。その直後の空襲で、工場に来ておった子供たちは殆ど死んだんではないですか。

当時は大学教授はよれよれの難破船の船員みたいな服を着ておってね、向こうは戦時中でもちゃんと軍服を着ておるしね。僕は、年は彼らと同じくらいかな、あるいは少し上かもしれなかった。その中将の長官といろいろと話をしているうちに、私も勅任官なのですね、何かの話からそんなことが分かって、それから大分態度が変わってきましたね。

しかし、学生はつらかったですよ。工場長の少尉がうるさいしね。私らがおるときはまだ何ですがね、中には夜間脱走して私のところへ泣いて逃げてきた学生もいた。もうあんなところには暮らせんとね。いろいろなだめすかして帰したが、大変だった。しかし、慣れてくるとね、学生はやっぱり頭がいいから、機械のことは何も知らなかった連中が、間もなくスクラップの自動車の修理でもすごく上手にできるようになるのです。あるとき、私が研究室におったら、外でワーワー、ブーブーうるさく汽笛みたいなものを鳴らしよるので、窓の外を見ると、「先生、これは、私らが修理した車です。先生乗せましょうか」と怒鳴ってね、試運転にきたんですね。その後、彼らも、何故か動員解除になってね、帰っていただいて結構ですということで、一刻も早く引き上げよと引き上げさせたが、その後の空襲で、残っていた殆どの勤労学徒は死亡しました。

豊川もそうです。豊川の軍需工廠は大きかったですからね。あそこには、経済も法科も文科も学生が行った。たくさん行きました。東京からも慶応、早稲田の学生もみんな来ていました。小学生、中学生までね、みんな寮に詰め込まれて朝から作業するわけですね。

――すると、授業なんかはなかったわけですね。

● もちろんなかった。もう工廠にいるんだから、それに各学校から監督教官というのがついているのね、誰か教授がおらんとならんのです。豊川の工廠のときかな、実際の学徒動員の係は経理課長で、京大の経済の出身の将校さんでしたが、これがなかなか厳しいというので、教授先生達が附添教官で行くのを嫌がるんです。文学部の先生で絶対に行かんという方もおってね、これも私が最初に行って、海軍中将の長官と話を決めたが、それからまた途中で、他の学部の先生達があそこには行かんといわれるから、もう一ぺん行った記憶があります。確かに勤労動員か徴用工員の係みたいだったですね。

工場長と会う機会があってね、話をしました。経理課長もそばについておったけれども、いろんな話をしているうちにすっかり話があって仲良くなってしまった。そのとき、何か学生の勤労動員について提案はないかといわれてね。「だいたい私は、帝国大学の学生を徴用工並みの扱いをして本当に国のためになるのかと大変心配している。これらは皆国の将来を担う大事な人材ですよ。今の制度は本当に無駄な人間の使い方と思っておるんです」というと、「そうです、そのとおりです」といい、何か提言してくれというので、まず「ここでもちっとでも勉強ができるようにしなければいけませんな」というと、「よっしゃ」ということになってね。

それでまず、土曜日の午後は休みにしなさい、そしてついて来ておる教官がおるから、少なくとも最小限度の学力の維持をさせ、あるいは、講義をするということで休みを下さいといったら、それが実現してしまった。そこで他の大学の人達にも連絡をして、第一回目の講義は確か私がしました。慶應から何からみんな来ていましたね。本当はこれは、講義や勉強をするためではないけれども、そうでも云わんと、あんた達の体はもたんから、一週間に一ぺんずつ休みをとってそこで教官が勉強させるということになったんだという話をした。

もう一つの提案は、法学部の学生にできる仕事がある、たとえば、秩序維持のために憲兵あるいは警察の代わりをさせなさい、彼らはみんな警察署長以上の力を持っておるんだから、十分秩序を保ちますよ、というと、それも承諾するということで、法学部の学生は警備係になった。ところが、警備係になったのはいいけれども、だいたい工場でろくでもないことをして私腹を肥やして無茶ばかりしていたのは、動員された予備将校なのですね。それを彼ら学生は全部憲兵がわりとして、証拠を集め、彼らを引っ張ってきて、証拠を突きつけてどんどんやっつける訳ですよ。その連中がまいっちゃってね。その結果かどうか知れんけれども、豊川の海軍工廠から、京大の学生さん達は帰ってくださいという連絡が来たんです。その後で大空襲がきた。話の分かる中将も経済学部出の少佐も、動員されている子供たちも全員やられたが、京大の学生だけは運良く助かった。憲兵の代用品をやらせたのが良かったたんかな。

《戦時下の教育・研究》

― そんな風に付いて行ったりしていたら研究の方はできなかったでしょうね。

● できなかったですね。最後に、私は、桂の三菱発動機というところの学徒動員に付いて行ったんですが、ここでは、最後には小学校の先生が五、六年の子供を連れて来ていた。ところが、先生だけでは空襲等があったら世話が出来ないので、学生達が小学生の世話をしておったのです。『戦争と犯罪社会学』という私の本は、実はそういう頃に工場でした話です。そういうことを当時の私はやっていました。

― 昭和一七年に「戦時下に於ける我刑政の発展――戦時刑事特別法の制定を中心として――」という長い論文を書かれていますね。

● その頃から私らも、戦争反対というようなことも言えなくなって、もう肯定するようなことしか書けんようになっていましたね。

それは大体、戦時刑事特別法を肯定したものです。その中に、現在まで続いている判決書には証拠の標目さえあればよいという規定が作られたことが書かれているでしょう。それについては現在いっていることと同じことをいっていたと思います。たとえ証拠の標目であっても、どの証拠のどの部分で、どのような事実を認定したのかということが分かるような仕方で示されなければならないとね。

現在の刑事訴訟法にも同じ規定があって、東京高裁の吉田常次郎さんは同じようなことを判決されたけれど、最高裁は、結局、認めなかったですね。戦時中は私のようなものでも、妥協せざるを得なかったという証拠です。しかし、それでも一旦できてしまった以上は、それで理不尽な扱いがされないように解釈しようという気持ちでしたね。

――昭和一八年、一九年当時の法学論叢を見ていますと、やはりナチス関係のものが多いですね。

●とにかく、ドイツ・ナチスを謳歌するという風潮でしたね。これは非常に危険だと思いましたが、露わに反対はできんから、ナチスの否定ということになりそうなものをいろいろ書きました。

――「刑法における日本的なるものの自覚」という論文が法学論叢に三回にわたって連載されていますが。

●これは、外国のものの受け入れ方ということにも個性があるだろうという趣旨でしたね。当時、何が日本的かということが非常に問題になりましてね。小野先生も牧野先生も書かれていてね。それを私が書いたのは、竹田直平氏に本当は責任があった。牧野先生、小野先生、木村さんとみんなが書いておるのに、京大のあんたは日本の法律の特徴は何かということについてちっとも書かんではないか、京大からも一声あげなきゃだめじゃないかとしょっちゅう言われるもんだから、何かしなきゃという気になってね。

《国学の研究》

――国学の勉強も本格的にされていますね。

●国学も大変面白いんですね。本居宣長というのは大変面白いと思った。非常に合理主義者なんですね。戦後だいぶん後になってから文学の神様といわれた小林秀雄がやっぱり宣長を取り上げています。宣長という人も非常に合理的ですが、それも庶民の感覚で侍の感覚ではありませんでしたね。

―そこに日本的なものによるナチス批判という観点があったわけですか。

●私自身はそういうつもりでしたね。日本というのもそう馬鹿にしたもんでもないという思い、これは、私が子供の頃から育てられてきたいわゆる保守反動的教育の一部であって、借りものではありませんでしたね。

―当時は、牧野先生とか小野先生もいらっしゃったでしょう。一般の雰囲気としてはどうでしたか。

●牧野先生の日本法理というのは、新派なんですね。小野さんの日本法理というのは、旧派的なのだが、何分幽玄で、大変有難いんだけれども、具体的問題になると何かどこがどうなるのか、分からないのですね。小野さんの日本法理というのは、具体的な結論が引き出しにくいのでね、具体的な問題について、小野日本法理からどういうふうな解決になるのかは、小野さんに向かっておみくじを引かなければならぬと、私は何かの機会にいったことがあります。

やっぱり、日本法理というからには日本法の個性は何かということが問題である。それには、日本は何回も何回も外国から法を継受してはそれらを日本のものにしているんだから、それらの経過を見れば、日本法の特色はどういうものかが分かるだろうと考えたわけです。
― 現在の教科書もそうですけれども、昭和一九年の『刑法総論』では他の教科書に比べて随分詳しく日本の刑法史が入っていますね。そういうご研究というのは、今言われたような観点によるものでしょうか。

● 私は、歴史は好きでしたからね。日本古代法典とか、原本をそのまま出したもので、惚れ惚れするようなものがあったんです。日本の法制史は面白いですよ。日本の封建制度として備わっているんですね。各藩それぞれが、それぞれの法律をもっていて、丁度ドイツのラントと同じですね。

やっぱり士農工商がはっきりしておって、侍が君主に仕えるというには主従ですものね。日本法理というものはずいぶん都合の良いもので、高禽は枝を選んで住むという、いい鳥はつまらん所には住まんと、いい所に住むと月給をよけいにくれるならその先に勤めるというのがあるかと思うと、他方では忠臣は二君に仕えずという言い方もある。これはどこか馬鹿正直な封建道徳なんだけれどもね。

臣子として主君がどうであろうと最後までお仕えし、主君のより好みはしないという考え方があるかと思うと、主君が仕えるに値しないと思えば、臣下の方で見限って見込みのある別の良君を選ぶという考え方もある。このように矛盾した性格のあるところが面白い。

当時、和辻哲郎さんが、一連の日本精神論をやっておられたが、あの方の「風土」に展開された日本の考え方の特色では、それを矛盾的な性格としてとらえておられた。その影響を私も受けていると思います。激情的なところがあると同時に、しみじみとしたところがあるということですね。そういうのが、戦争と一緒になったということで、戦争責任があるといえば責任があるけれども、自分の腹の底にないことは書いていない、そういう私であったと思います。

《戦争と学界》

── 先生からご覧になって、戦争が学界にどういう傷跡を残したかという点はいかがでしょうか。例えば、中国が例の文革で学界を無茶苦茶にしたわけですが、日本の場合も戦争中に卒業して大学に残った人は少ないですね。

● それはもう、日本の学問が世界から閉ざされたわけですからね。これは非常に大きかったでしょうね。「刑法におけるキール学派について」を書いた後に、シュウィンゲとツィンマールの紹介をしたでしょう。当時ドイツではダームとかシュタインとかの流れがナチスの本流だった。これが具体的秩序思想や本質直観というようなことをいい、それを刑法にもってこようとしており、違法と責任の区別まで否定しなければならないということを言っていたのですね。当時、シュウィンゲとツィンマールはそれに反対したわけだから、なかなか勇気のある行動でしたね。私はそれを紹介して、最後にキール学派の批判をしたんですが、当時、日本におけるナチスの影響は本当に強かったのですよ。

── 当時、『ナチスの法律』という本で木村先生が刑法の分野の紹介をされていますね。

●木村さんは、あの頃は、まだナチスに対して批判的でしたね。それが段々あの人もナチスを批判できんようになってくるんですね。私がキール学派を批判したときかな。久礼田益喜さんが、私がナチスを冷たく批判したというので、もう少しドイツの新しい思想に対して同情をもってみてもらいたいと書いていたんですね。そういう状況でした。こっちはまた、意識してやっておったのですが、そういう仕方でしか段々ものを言えないようになってきていましたね。

―当時の刑法学者として牧野先生、木村先生、小野先生そして久礼田先生の名前が出されましたが、その他はいかがでしたか。不破武夫先生もおられましたね。

●不破さんは朝鮮の京城大学、その他、安平政吉さんが台湾の大学にいました。植松正さんも若手で台湾にいました。もう教授だったかな、それから東京の早稲田に斎藤金作、江家義男、慶應に宮崎澄夫、他には関西では立命館に竹田直平、関西大学に植田重正というところでした。竹田さんというのは、大変力のある人で勉強熱心でした、独学したんですね。

―植田先生が共犯論について、竹田先生は拡張的正犯概念、私は限縮的・制限的正犯概念で対立したと書いておられますが、お二人の関係はいかがでしたか。

●いやいや人間関係は何でもない。竹田さんとの間もだいたい君の言いたいことはこういうことだろうといい、一方もちゃんと相方の言いたいことはこうだろうとお互いに理解し合っておったのですね。それぞれが純粋に相手の立場を理解しつつ展開していくんだから論理は一貫します。例えば拡張的正犯論の行方は、もう宮本先生と竹田先生でいくところまで行ってますね。

《宮本先生還暦祝賀論文集》

—昭和一九年に宮本先生の還暦祝賀論文集が出されていますが、これは先生が中心になって作られたのですか。

●私が総括責任者として、木村さんや団藤さんが非常に協力してくれました。当時は、帝大の人だけで書いて出すということでしたからね。牧野さんの還暦記念論文集も、帝大の人たちだけで記念論文集を出し、それ以外の方は、別にまた論文集をさしあげてます。そういう時代だったんです。帝大の教授だけ書いたので、団藤君が一番若かったんではないですか。

—当時の出版状況は大分、悪かったのですか。

●しかし、やはり帝大の教授諸君が英脩先生のために出される本だというと、一も二もなくということでしたね。

—当時の法律書の出版社は、どういったところですか。

●巌松堂、有斐閣、日本評論社といったところで、日本評論社は、法律時報がずっと続いていますね。巌松堂の主人は京大法学部出身、有斐閣の主人（江草氏）は東大の法学部出身で、似たような年輩でした。

—弘文堂が、先生の教科書を出版していますね。

●弘文堂というのは、河上先生の本を出していたところで、英脩先生の本も出し、私もそこの二代目の社長と親しかった。

《刑法総論》

――『刑法総論』の教科書ですが、昭和一八年の一二月一日に「はしがき」が書かれていて、出たのは一九年、戦争末期ですね。反響はいかがでしたか。

●だいたい、お互い言ったりすることは分かっていますからね。いろんな論文を書いていわば理論的に追い詰められ、追い込まれて、こういう内容の書物になっちゃった訳です。本を書くために改めてということはなかったように思います。

――この本のはしがきに、「学生諸君に捧げる」と書かれていますね。

●もうその頃は、戦場に送りだすほかないという状況でしたからね。その頃の学生と教授とは、非常に仲が良かった。私の家には学生たちが入り浸っていましたからね、身内をとられるという思いでした。一緒について行ってやらにゃいかんという思いでしたね。いく連中に「死なずに帰ってこいよ。帰ってきて平和になったら、一ぺん四斗樽で浴びるほど飲むから絶対に死なずに帰ってこいよ」といって送り出した。それで私が六〇才になったとき、生きて帰ってきていた元法学部の卒業生が、口約束だけではなく本当に四斗樽をあけてやってくれというので、嵐山の嵐亭の最初の集まりになり、四斗樽を抜いて騒ぎました。その後も、この集まりは続いています。

《当時の刑法学、時効問題》

――当時の刑法学の分野で、特に思い出されることは。

●実は時効の問題があったんです。ナチスでは時効は認められないというような、議論が出ていたんです。彼らのいわゆる倫理的厳格主義ということからで、一度罪を犯したものが時の経過によって、刑を免れるというようないい加減なことはあるべきではないというんですね。当時の日本の風潮としては、放っておくと同じようなことを言い出す連中が現れる恐れが非常にあったんです。それで、日本法理というものはそんなものではないと強調することによって、それを防ぐという意図がありました。

日本の時効というのは、非常に特色があって、中国にもあまり時効という考え方はないんですね。王朝の「法曹至要抄」というのに免除の法があって、時が経ったら、いろんな法的な権利義務が消滅するとしていた。鎌倉幕府から後も、その免除の法が引き継がれてきたんですね。たとえば、時効で領土権が失われるでしょう。京都の貴族が土地だけ持って税金だけ召し上げて、自分は何もせずに地元の番頭、手代にやらせとった。その内に、鎌倉幕府になると、幕府の裁定で、その人達（武士）が領主であるとされて、貴族は領土権を失いますね。あれは、やっぱり、一つの時効ということですね。御定書百箇条では、普通の犯罪は、一年で時効ですね。永追いというのがあって、親殺しなどの重大犯罪は時効にかからないとされていましたがね。

そういうように日本の刑法は、余りしつこく、いつまでも追求することはない。むしろ淡泊だということを書いたことがあります。何をナチスから真似してくるか分らんかったから、それが非常に怖かったんです。

《戦争と犯罪社会学など》

● 私は戦時中に、学生に刑事学の講義をしていました。戦争中に日本の犯罪状態はどのようになっているかということを学生諸君と一緒に調査をして、そのメモなどもそのまま残っています。スエーデンのチンベルという刑事学の先生が書いた大きな英文の本を読んだことがありました。アメリカのサザランドの本もありましたが。

ビーチという人の「オリエンタル・クライム・イン・カリフォルニア」という薄っぺらい本がありましてね。カリフォルニアにおける日本人やフィリピン人・中国人など外国人の犯罪と白人の犯罪とを比較してあるんですよ。どういうわけか、日本人の犯罪は少ないんです。少ないけれども犯罪のタイプは、白人のタイプと同じなんですね。中国人の犯罪は少ないけれども、型は違う。中国人は、賭博とか阿片とかが多いのに対して、殺人、傷害というのは日本人の方が多いんですね。白人型で、しかし、数はうんと少ないのです。何で少ないかということを、ビーチ先生が勉強して、いろいろ研究しています。

「民族性と犯罪」というテーマになっているんですが、それを私は朝鮮・満州・台湾における日本人の犯罪という点を含めて、一度考えてみたことがあります。日本人の犯罪は、カリフォルニアでは少ないのですが、朝鮮・満州・台湾では非常に多くてしかも悪質になっているんですね。だから、民族性と犯罪というような簡単なことではない。たとえば、ユダヤ人の犯罪というように単純にはいかないのであり、むしろ、ある民族がおかれた状況によって、違いがでてくるという感じを持ちました。そういうことをたしか『戦争と犯罪社会学』（昭二一・有斐閣）の終りの方に書いたと思います。

もう一つ、発表はしませんでしたが、明治維新後、旧刑法ができるまでの日本の犯罪状態はどうであったか、という研究をしました。これは、資料も何もなかったのですがね。新聞編年誌という本がありましてね、外国人が日本で慶應年間に新聞のようなものを出したりしているのを皆集めた本ですが、そういうのを見ると、本当に、新律綱領や改訂律例の当時からの犯罪の実情がよく分かるんですよ。その中の新聞記事などを全部ピックアップして、ノート二冊くらいになりました、いつか、暇があったら整理してみたいと思っています。

戦時中は、そんなことをいろいろしていました。結構忙しかったんですよ。

《当時の法律出版社》

― 先にも触れられましたが、当時の出版社というのはいかがでしたか。たとえば「弘文堂」というのは大きな出版社だったんでしょうか。

● 大きくはないけれども、有力だった。初期には、経済関係が中心で、後で法律書も扱うようになりました。河上先生の「社会問題研究」などで大きくなった。本店が、もとは京都の寺町丸太町にありました。

― 団藤先生の教科書も弘文堂が多いですね。

●団藤君が最初に京都に来たのも弘文堂の親父さんが京都に遊びに来ないかということでね、引っ張ってきたんです。それで私も一緒に引っ張り出されて、比叡山を歩いたり酒を飲んだりして、団藤君はその思い出が大変深いらしいんです。弘文堂の親父さんというのは侠客のような人でした。今はもう経営者も変わっていますね。

――その他の出版社としては、有斐閣もありましたね。それ以外はいかがでしたか。

●巌松堂がありました。これも大きかった。巌松堂は、当時から古本屋で出版もやっていました。巌松堂の主人は一高から京大の法学部を出た人で近藤英吉さんの親友でした。当時の法律出版社の経営者は、皆帝大出身だった。見識がありましたね。

《法律時報など》

――昭和四年の末に法律時報が創刊されていますがご記憶は。

●法律時報が発刊されたのは、昭和四年の暮、私が大学三年生のときですね。私は創刊号から買っています。アメリカ法学的な大変面白い行き方で、当時からいい雑誌でした。

――当時は、法律雑誌は他にもありましたか。

●法律新聞ですね、それは学生は見やしません。法律時報は買いましたが。岩波六法が出たのは昭和五年ですね。

――六法全書は、その当時どうでしたか。

● 昔から六法全書はたくさんありました。岩波の六法は、それに参照条文をつけたんで、それが目新しかったですね。それまではそういうのはなかったんです。それが非常に刺激でした。私が大学を出て助手になった年で、早速その初版を末川先生から頂きました。

― ドイツには、日本みたいな六法全書はないですね。加除式の分厚いのか、各法律ごとの本はありますが…。

● 鞄にちょっと入れていける程の大きさの六法全書というのは、あれは日本独特ですね。やはり日本の法律文化は、その点進んでおるんですよ。だいたい、法律があまり変わらないから、私らは一つの六法で三年間程は使えました。法律は変わるべきものではないと、みんな思っていましたからね。

― 現在はよく変わりますね。

● 現在ではもう消耗品ですね。

― 当時、出版されていた法律雑誌は、法学論叢、法学志林など主に大学の機関誌ですね。

● そうですね。その他に、法学協会雑誌、東北大学の法学くらいですかね。

― 京城とか台湾にはありましたか。

● やはり出していましたかね。いや、台湾は確か、総督府の法学雑誌だったですね。

― 大学の機関誌と一般雑誌として法律時報と法律新聞、あとは判例集と外国の本が研究資料だったわけですね。

● そういうことですね。

―　戦争中は外国の本は全然入らなかったわけですね。ドイツの本はかなりありましたか。

● どのくらいまでに入ってきたかな。ドイツで、オストレヒト（Zeitschrift für Ostrecht）という東ヨーロッパ圏＝社会主義圏について法律雑誌がでてましてね、その中に各則のない刑法典の草案、いわゆるクルイレンコ草案があってね。各則のない刑法典というのは、ロシアで共産主義がいよいよ実現した最後の段階で出されるべきもので、刑罰もだいたい五年くらいで社会改善できるというようなことが書かれていた。この各則のない刑法典というのが、大変面白いと思ってね。私はそれを翻訳していて何とかして報告しようと思っていたのですが、そういう報告も憚られる時代になっていました。その後も、ずっと気にかかっていたんです。

《クルイレンコ草案》

戦後、東京裁判の弁護人になったときですが、その草案がその後、スターリンの治下において、どうなったのかということが気になって仕方がなかった。当時、東京裁判の関係で、ソビエトの検察チームが来ていて、そこにラッパポートという老齢の法律学者が顧問として来ていることが分かったので、その人に面会を申し入れた。彼に付いていた若い軍人が、何かぐずぐず言っていたけれども、最後に用件は何でしたかと言われたのでね。「貴方の国の刑法が改正される案が出たところまでは、私は知っているけれども、その後状況がどうなったか分らんので、研究のためにその話の経過を知りたいのだ」といったんですよ。そしたら承知したが、自分も立会って話を聞きたいといって付いてきましてね。ドイツ語でしゃべったんですが、ラッパポートさんは自分は四〇年前にドイツ語をやっただけだというので、私も同じようなものだといってね。

それで、「クルイレンコ草案はどうなったのか」と聞くと、えらい興奮してね。「その話は忘れてくれ」と言うんです。そういう草案があったことを忘れてくれとね。「ソ連では、もうそのことについては問題にしないことになっているから、あなたも忘れてくれ」というんですよ。驚きましたね。歴史にあるものを忘れてくれとはおかしいじゃないですか。結局は、刑法は何も変わらなかったということでしたね。このクルイレンコ草案について、最近、立命館大学の上田寛君が紹介していますね。パシュカーニスなども作成に加わっていたようですね。

――オストレヒトという雑誌があったわけですね。

● マウラッハなども書いていたかな。彼はもともとソヴィエト法の研究者でしょう。戦後、あの人が刑法家ということで現れたとき、私は驚きました。ロシア法の研究家と思っていましたからね。彼の書いたロシア刑法の本があるんですよ。一九二六年にロシア刑法が出来た後で、一九三〇年前後の頃の本ですね。後で、マウラッハが日本に来た時に、同じように聞いたら、彼も「忘れてくれ」と言っていましたね。

《留学の停止》

―当時の法学部長はどなたでしたか。

●石田文次郎、渡辺宗太郎、牧さんという順だったかな。終戦の時は黒田さんでしたね。

―先生は戦前に留学はしておられないですが、順番からいえば戦時中くらいには行けたことになりますか。

●それはもう、戦争がなければね。大隅さんが行ったでしょう。その次が私でしたね。丁度その時に戦争になってしまってね。

―先生が行かれたのは戦後昭和三〇年以降でしかも短期間ですね。もし、戦前に長期間行かれていたら、変わっておられたかもしれませんね。

●そんなことはないでしょう。行かなくて幸い、得なめぐり合わせだったかもしれませんね。

―ただ、行かれていれば、いろいろなことが確認できたでしょうね。

●それはあったと思います。私でなきゃならんようなテーマが多かったからね。向こうも話ができたと思いますね。

《近藤英吉さんのこと》

―戦前の教授時代に特に思い出の多い方というとどなたでしょうか。

●近藤英吉さんですね。実に、快男児で、かつ親分、酒豪で、世話好きでした。私が助手に残ったとたんに、「君は九州だってな、ちょっと今夜うちで一緒に飲まんか」という調子でね、お宅の六畳の部屋にビール瓶を一本ずつ並べていくんだが、部屋半分くらいになってしまう。二人で二七本か二八本飲んだのだからね。於保君、大森君、中田君、皆、近藤さんに大変可愛がってもらいましたね。皆、近藤さんの亡くなられるまでよく一緒に飲んでいましたね。とにかく、派手だったからね。家で飲み、祇園で飲み、お茶屋で飲みといった具合でね。

身体の頑丈ながっしりした人でしたが、結核で亡くなられた。九州の平戸出身で、近藤さんの家も隠れキリシタンでした。その関係か、ドイツで、日本のキリシタン関係の文献を集めて来て、暇ができたらこれを紹介したいと言っておられたが、とうとうできませんでしたね。大変な勉強家でね。民法の解釈学では、天才的な法学者だと言われたんです。親族・相続などはずいぶん後まで近藤さんの本が一番良いと言われていたんではないですか。

小さいお嬢さんが結核にかかって病院に入っておられた。それが感染したんでしょうね。お嬢さんの方は良くなられたが、奥さんは東京の巣鴨学園の校長先生のお嬢さんで、東京のその奥さんのお里で亡くなられた。臨終のときは、僕も行っていてね。僕の手を握って亡くなった。「佐伯、これで死ぬのは残念だ―」と言ってね。壮烈な死でしたね。昭和一四年、四〇才でした。留学から帰ってきて一〇年くらいですか。その間に実に多くの人間を育てています。

その後ずっと何年も京大にいたけれども、近藤さんのことが一番後々までみんなの思い出話に出てきましたね。本当に人間というのは生理的年齢ではなくて、いかに色濃く生きるかということですね。残る人達に何時までも懐かしく思い出されて、書斎に写真まで飾られるというのは、近藤さんだけですね。

《主観主義と客観主義》

― 宮本先生と牧野先生が主観主義で、先生と小野先生が客観主義、子弟間で似ているところがありますね。

● 私は、客観主義、主観主義というのがよく分らんのですよ。犯罪は犯人の主観的危険性の徴表で、刑罰はこの危険性の除去に向けられねばならず、従って刑罰は応報ではない、教育であるべきだというのが主観主義ですね。しかし、罪刑法定主義で構成要件の客観的枠を守らなければならないというのは、客観主義的ですね。主観主義者といわれるリストも実はそうだったんです。だからリストと私とは、余り変わらんと思っていましたね。

― リストは主観主義と言われていますが。

● それは、性格の危険性に犯罪の本質をみようとするところですが、私はそこまでは行かない。

― 性格の危険性は違法要素であるという先生のご論文がありますが、それは、責任のところで扱うのは良くないというご趣旨でしょうか。

● それは、責任に還元されない性格の危険性というものが、刑法上何か意味をもつならば、それは責任とは関係ありませんよということです。刑法には、常習犯の規定がありますね。

― 最近は、常習性は行為者の属性ではなく行為の属性であって、違法要素だとする説もあります。

● 行為の属性だから違法要素だというのは、おかしいですね。少年法の虞犯少年などは、まだ行為の前の性格が問題になっています。それは、理論の問題ではなく、実定法の問題です。実定法を素直に受け取れば、やはり、常習性は行為者の属性でしょうね。

― 新旧両派の違いについてはいかがですか。

● 新派でないと、刑法改正とか刑法の前進とかはできないですよ。旧派は、そりゃいかんいかんと待ったをかけるばかりでね、それじゃこのままでいいかというと「ウーン」となるのだよなー。

《類推の問題》

― 罪刑法定主義に関連して、戦時中は殆ど類推許容論が通説だったと思いますが、先生の昭和一九年の教科書でも、結局、許される解釈か許されない類推かが問題だとされていますね。

● 昭和七、八年当時には処罰される方向への類推は許されないとしていたのですがね。その後、類推と解釈との区別を検討して、その区別はないんだ、区別がつかないんだということを当時は考えておったんです。

― その当時は類推を認めない人はいなかったでしょう。

●認めないという人はいなかったですね。

――滝川先生も許容論でしたか。

●滝川先生も初期はそうでしたね。類推を認めないのは、時代遅れであると言っておられましたからね。後に（昭和一〇年）、類推禁止論に改説されました。

私は、刑罰を科さない方の類推は許されるけれども、処罰する方への類推は許されないと、牧野先生の「法治国思想の展開」の紹介かな、何かでそういうことを書いた気がします。

――牧野先生とは、戦前から行き来しておられたのですか。

●面識はありませんね。小野先生とも、東京裁判まで面識はありませんでした。しかし、いろいろな論文や手紙での交流はありましたね。

IX　戦後を迎えて

《戦後直後の状況》

―それでは、次に、戦後の状況について、お伺いしたいと思います。

●私が、大学を辞めてから弁護士をして学界に復帰するまで、七、八年ありますね。

―刑法学会ができたのは何時頃ですか。

●昭和二三年（一九四八年）です。神戸大学の講師や甲南大学の講師をしていた頃ですね。

―戦争直後のお話を伺いたいと思いますが、先生は御病気でしたね。

●それはね、二〇年の終戦の年の秋から寝込んで、翌年殆ど寝ていましたかね。

―先生は、戦争で負けたというようなことを何処でお聞きになられて、どういうように思われましたか。

●戦争に負けるということは、少し前から思っていました。文学部に木村素衛という先生がおられてね。その先生には、いろいろと情報があって、その人がね、学生達が精神的に戦争だけでは落ち着かんところがあるから、学生の話相手になるような会を作ろうというようなことで、「よかろう」ということになり、木村さんと私と二人で、学生たちの集まりに顔を出しておった。法学部の学生よりはむしろ、医学部など他学部の学生が多くてね。木村さんが戦後のことを少し懇話会の学生たちに話をしておかないといかんということでね。

― 懇話会の目的というのは。

●とにかく、学生たちが集まってくるのよ。我々のところにもね、そしていろいろなことを話し合うんです。いろんな問題をね。当時は学生も、何時動員されて死ぬかもしれないから、一日一日が、今日も命があったという状況ですからね。

当時、医学部の学生だった重城君のこの間の追悼文の中に、少しそのことを書いておきましたがね。そういうので、木村さんが何処からか聞いてきてね。八月の八日か九日頃に「佐伯君、もうだめだよ。日本は降伏するぜ」と言ってね。そうなるということは、もう大分分かっていましたね。

《学生達》

― 先生の当時の心境といいますか、学問、研究に対してはどうでしたか。

●戦争末期は、学問は、学者ですから続けていたけれども、むしろやはり、その日その日、生きているかどうかということが問題なんですよ。学生も寂しいのね。だから、何かいうと私のところに集まってきて、いろんな話をする。燈火管制だから、真っ暗闇の中で、月の光に当たってね、かみさんがどっからか南瓜の葉っぱかな、得体のしれんものを抹茶と称して売っているのを手に入れてきて出したりしていました。暗闇の縁側で月を眺めながら、「ああなんてこの月はいい月なんだろう」とか「こういうきれいな月は見たことがなかったな」とか「これが最後かな」とかそういう思いでいろいろな話をしました。その頃に「戦争と犯罪社会学」の話等もしたんですよ。いろんな人が来ておったからね。

《敗戦の詔勅》

― そういうところに敗戦の詔勅があった訳ですね。

● そうこうしているうちに「敗戦は必然的だな」という状況になって、最後に敗戦の詔勅が来たんです。敗戦の天皇の詔勅というのは、どこで聞いたんかなー。とにかく八月一五日、降伏したその日の晩は、私は防空当番で、確か法学部の事務室に一人でおりました。ところがそこに医学部のこのまえ亡くなった重城という学生がやってきて、「これから如何に生くべきか」ということを相談するんですよ。「如何に生くべきかということは、私も誰もわからんじゃないか。日本は負けたことはないんだし、負けることは考えないようにしていたんだから」と言ってね。

負ければ占領されるのは必至で被占領国になる、ただ、そうなっても卑屈なことだけはすまい、負けても今まで戦ってきた敵に尻尾を振っていくというようなことだけは私はしないつもりだというと、「僕もそう思う」と言ってね。それじゃ、一つ敗戦国民として卑屈にならないように、正々堂々と生きよう、「そういうことで行きますか」と言って別れたことがあります。二人だけでした。現在も同じ第四教室のあるところの事務室ですね。

当時、敗戦、占領ということになって一体どういうことになるか、市民にもやはり予備知識を与える必要があるということで、田岡さんに敗戦国の権利義務について何処かで講演をしてもらったことがあります。女の人達も、日本の兵隊がやったことと同じ目に遭うだろうというので、青酸カリを集めたりしてね。うちのかみさんにも、何処かの医学生が青酸カリをもってきてやったりしました。日本の兵隊は無茶してるから同じことをやられるのは覚悟しなければならぬということだったが、そういうことをする必要はなかろうということになったんです。田岡さん達は、このときに敗戦国民の権利義務ということを説いたんですね。法学部の人達は、その人達なりにやっておった。

――当時は大学生は殆んどいなかったのですか

● いないです。もうその前に動員で出てしまっているし、病弱の人間が、補助要員として残っていたのを含めて法学部に一〇人いたかどうかというところですね。それらの人が、法学部の疎開なんかにも加勢したんです。終戦直前に空襲必至ということで、このままでは、図書は全滅するということになり、せめて図書だけは守らにゃならんということになって、確か周山の山奥の小学校に行って頼んで講堂を拝借し、そこに法学部の蔵書を運んだんです。運ぶのがまた、難しいんです。それを談判して、トラックを都合し、学生と教官とで荷造りをして、竹のカゴにちゃんと上手く入れてね。それをやってのけてまもなく敗戦でした。

敗戦になったら、また、それをとり戻してこないといけないということで、敗戦の混乱の中を取り戻しに行ったんです。返してもらって、学校に山積みにしていたんですが、これがまたなかなか整理がつかなくて困りました。そういうことで、当時は教師も肉体労働をしなければならなかったのですが、栄養失調でね。それで確か九月か一〇月くらいに、私は倒れたんです。

《英脩先生》

— そうすると、授業も全然なかったのですね。研究の方はどういう状態でしたか。

● 研究の面では、敗戦国の犯罪状態とか何かについて講義をしたりしておるくらいで、殆ど勉強もしておらんでしょ。他の皆さんもね。そんな余裕もないですよ。食うや食わずですね。みんな子供みたいになりますからね。腹が減ると先生も恥ずかしいですよ。私は煙草は吸わんでしょう。だから佐伯の分の煙草を誰がもらうかってなことでね。人間はみんな人間ですね。そりゃ乾パンの配給があったときは、事務員さんも学生も先生たちもみんな目の色が変わりましたよ。飢えというものは恐ろしいですよ。英脩先生も本当は、栄養失調で弱られたんですよ。

— 当時は、配給だけでは栄養失調になるという状況だったんですね。

●それはそうですよ。みんな闇市していたけれども、先生はそれをせんかった。あちこちで雑炊や何かを売っていましたが、先生がそれに並んで立っとったというんですね。そんなことをさせてはどうにもならんということでね。小林（好信）君が奈良の地主さんでね、時々、先生のところへお米なんかを届けたりしたということですね。本当に目を覆う状況ですよ。そういう状況は余り後に伝えない方が良いかもしれませんね。

《期待可能性の思想など》

—そういう状況が先生の学問に影響を及ぼしたということはありますか。『戦争と犯罪社会学』は昭和二一年に出版されていますね。

●これはもう、戦後の問題なんですね。戦後に勝っても負けても必ず酷いことになるという考えがあって、わが国の戦時中の犯罪状況等を学生と一緒に、実は調べたんですよ。これはあまりまとまった形にはなっていませんでしたけれどもね。

—期待可能性の問題も極限状態の問題ですから、そこに戦争経験の影響があったということはありませんか。

●あれは療養中に一巻が出てるんですね。確かそうですね。

—『期待可能性の思想』の前で、戦争直後二一年に『戦争と犯罪社会学』が出て、そのときに、「食糧難の刑法的側面」という論文が二二年に法律タイムズに出ています。

• それは野荒らしやなんかの問題ですね。ですから正しく敗戦後の食糧難の問題ですね。『戦争と犯罪社会学』は、それ以前に三菱の桂の発動機工場で、勤労動員なんかに行っておる学生たちや、豊川の海軍工廠に行っておった人達にこの理論で講義していますね。確か論叢に出したのですが、結局、敗戦で論叢が出なかったんですがね。

それで戦後、私が病気をしておったとき、京大の結核研究所の所長になった長石忠三さんが友人で、見舞いに来てくれて、いろんな話をしましてね。世の中はどうしてこうなるのかと、いろいろな話をするのでね。「実は、犯罪社会学というのを書いておって、原稿もあるんだ」と言ったら、「それを是非本にして世の中に出せよ」と言われたのですよ。それで確かその本を出した。その書物のはしがきにN博士との話と言うのがあるが、あれは長石忠三さんですよ。長石さんに病床で薦められて、「じゃあ本にしようか」ということで出したんですね。『期待可能性の思想』はね、あれも有斐閣で出してやろうといっておったんですね。戦後ですね。

― あの本の初版も現在はもう茶色くなって、ボロボロになっていますね。当時は紙がなかったですからね。

• 仙花紙の本でしたね。期待可能性の本は、境一郎君なんかが全部校正からしてくれました。いま神戸商大の先生ですよ。当時も自分としてはやはり勉強せにゃならんという思いはあったけれども、身体が動かないという状況でしたね。

《病気》

―病気をされたのは何時頃ですか。

●昭和二一年のほとんど一杯は寝ておりましたかね。

―いわゆる肺結核でしたか。

●まあ、肋膜に水が溜まっているということで、結核性の肋膜ですね。

―死因としては、当時、結核が一位だったといいますが。

●その当時はまだ、マイシンとかがありませんから。あれができてから良くなりましたけれどもね。それまでは静養をして栄養をとれというだけでね。その栄養をとるのがまた難しいんですよね。学生諸君がいろんなものを持ってきてくれました、郷里からね。そんな人達に助けてもらったんですね。戦時中の教師と学生の関係は、今からいうとちょっと分からんです、戦友ですよ。本当に、兄弟かなにかみたいでしたね。

戦争に引っ張り出されても、食い止めることはできないしね。先にも言いましたが「絶対に死ぬなよ、必ず生きて帰ってこいよ、そのうちにまた酒をたらふく飲める時がくる、そのときはきっと、私が四斗樽を用意して鏡割りしてやるから」と言ってね、ずっと後になって実行できましたけれども、そのときには大分亡くなってしまっていた。

《京大法学部》

――当時、法学部の教官の先生はどういう状況でしょうか。平場先生は、もう戻っておられたですか。

●海軍に行かれて、戦後すぐにはまだ帰ってなかったですね。

――他の先生はどういう状況だったのですか。

●やっぱり於保・中田・田畑・長濱といったあたりが中心です。於保君は、召集されて海軍に行きました。大森君、加藤新平君、立川君等はみんな陸軍でしたね。立川君は将校、大森君は伍長か軍曹だった。加藤君は、ノモンハンの生き残りですね。伝令に行っていたので全員戦死したのに奇蹟的に助かったということです。田畑さん、長濱さんなんかが残っていて、彼らが中心になって学生の勤労動員なんかの世話を徹底してやっておったですね。だからこの人達は、みんな学生と親しかったですよ。

――先生が京大を辞められたのは、昭和二二年七月ですが、そのあたりの経緯を少し伺えますか。

●追放ということが問題になるんですね。公職追放と教職追放、公職追放では小野さん達がやられているんですね。

――結局、法学部ではどうでしたか。

●大西君と私の二人です。

――それに至る経過はどのようなものでしたか。

●敗戦後、大隅さんが竹田省先生に言われたといってね、我々が昭和八年に復帰したのは、京大再建のためだから、こういうことでまた国がひっくり返るなら、大学の再建のために、辞めた先生達にもまた帰っていただくという動きをすべきではないかということを相談しに来てね。それはそうだ、それではそのことを法学部の人達にも話そうということで、そういう動きをしたんですね。そういう経過で、滝川先生は帰ってこられたが、他の先生は動かれなかった。他の先生は、それぞれご自分たちの京大事件後に入られたお仕事関係もあるから、そういうわけにはいかん、講師か何かでなら協力しようということでね。

それと同時に何人か辞めたですね。滝川先生事件の時の残留教授ですね。戦後、それらの教授が、責任をとって一遍辞めるということで辞めたんです。一遍辞めて、また帰ったらいいということだったんですね。しかし、結局、田中周友さんだけを帰したんです。当時、私も黒田さんも辞めようということで一緒に辞めようと思っておった。黒田さんは辞めた。私も辞表を書いていたんですが、そのうち、病気になるんです。それで、「おれは辞めるから」といって辞表を大隅さんに預けたんですが、その辞表を進達せんのですよ。私は病気で出られんから、とにかく進達してくれと言ったのですが、全然進達しないで、逆に田岡さんなどが病床に来て「君が辞めては法学部は崩壊してしまう、君が辞めるというと、他のみんなも辞めてしまうので困るから」というんですね。そのまま辞表を進達せんうちに、今度は追放ということになった。

《滝川先生の復帰》

―昭和二〇年の一一月一九日に、鳥養利三郎が、滝川事件以前の状態に戻すという趣旨に基づいて、京大再建方針を発表したとありますが。

●そうでしたね。鳥養さんがそういう決意をするまでの間に、私はいろんな話をしたんです。それは、文部省に行って、「大学自治を認める」という一札を取ってこないと先生たちも帰るに帰れない、文部省もそれを今なら出すはずだから、是非一遍談判をして取ってきてくださいというようなことを私は言ったと思う、鳥養さんにね。しかし、彼がそういう決意をして取ってきたときは、私はもう病気になっていました。

―昭和二一年二月一六日に、滝川先生が教授に復帰されて、それから人事の問題でいろいろあったわけですね。

●滝川先生の復帰について何かしたということは、こと私に関する限りありません。私はその前の年から病臥しているので、滝川先生や皆さんの復帰は、大隅さん、黒田さんのいうところが主で、とくに黒田さんが中心になって談判したようですね。京大の清風荘かなんかでね。竹田省先生、佐々木先生もいらしたようですよ。滝川先生に直接ではないと思いますよ。むしろ、竹田省先生などお年寄りの先生らと談判したんだと思いますね。

《教職追放》

── 追放の件については、滝川先生がGHQと話をして進められたというようなことを聞いたことがありますが、そういうことはなかったのですか。

● 失礼だけれども、滝川先生は進駐軍を嵩にきて動かれたところがありましたね。私に直接ではなかったけれどもね、進駐軍は三〇年位は日本を占領するという先生の計算だった。それにもとづいて、先生は行動していますね。だから、二七年に早くも日本の主権が回復されたとき、先生はがっかりしたんではないですかね。進駐軍から全部自分が任されておるというようなことをしきりに先生は言っておられた。

先生は、末川先生あたりまで脅かすような言動をしてたんです。末川先生でも、戦時中には、「いやさか」を唱えたりしなければならんようなときがあったんです。私も見たことがある。楽友会館で集まりがあってね。そうせにゃならんこともあったんですよ。そういうことまで取り上げれば、末川先生も首になるところなんだけれども、俺の口一つで、という言い方をしょっちゅうされていたんです。いつでも進駐軍の方針だと嵩にきて、強引に押しておられた。それ程のことでもないと思うけれども、その頃は日本の反軍国主義的思想の学者といえば、滝川先生ということでね。戦時中辞めさせられておったから向こうも、そう思っていたんでしょうね。確かに非常に大事に扱われていたんでしょうね。そんなん他におらんですからね。

── 滝川先生は、いわば英雄だったんですね。

●そうですね、それで私たちも、大体、帰ってこられた方がいいと思っておったしね。それに私も辞表を出したけれども、何か皆に任せてくれというようなことで阻止されて、辞表を押さえて出さなかったのですよ。それが、追放という問題が起こってきたのでね、私は「けしからんじゃないか」と怒ったのですよ。大体、当人が辞表をちゃんと書いて出しておるんだから、それを進達しておいてくれたらいいのに、後でそういう目に合わせるというのはどういうことだとね。本当に私は大隅君なんかにいまでも釈然とせんところがあるんですよ。

――しかし、当時は病気でしょう。

●病気中だからもう辞めるということで、私からすれば残留教授だけ辞めさせて、自分だけ生き残るということはないから、あの人たちが辞めるなら、私等はちょっと立場が違うけれども辞めるということだったんですよ。しかし、そうするとみんな困るでしょう。大隅さんやみんな、本当はね。

《追放の判定を駁す》

――慰留させられて、結局、追放で引っかけられたという形ですね。

●そういうつもりではなかったでしょう。慰留自体は、陰険なものではなく、計算して何した訳ではない。決してそうではない。しかし、追放の仕方が、適格審査委員会を作って確か五、六人で構成していたのよね。滝川先生が委員長になって、五、六人でやったんです。

ところが、そもそも滝川先生が辞める原因になったのは大学の自治の問題でしょう。その大学自治とは教授の任免は教授会の決議によってやるということだったんですよ。だから私は、「私を追放するというのならば、それは教授会の決定でなければならない。ピックアップした数人の人間だけで決めたとしても、その決議をもう一度教授会に持って行って、教授会でそれを採択するかを決めなければならない。それをやらずに委員会の決議だけで処分したのは、滝川さんの長年言ってこられた大学自治の根本を自ら蹂躙されたもので非常に間違いである」といったんですよ。

それでそのような決定をしたということは間違いだということで中央の適格審査会にも異議を申し述べたりしました。そのときは通らなかったのですがね。筋が立たんということを言っておかないと、後で、何故、文句を言わなかった、ということになるのでね。それで京大新聞に「追放の判定を駁す」という論文も書いたりした。

―その論文はありますか。

●あるでしょう。そして実は学生達の関係は、滝川先生に対する不信が非常にひどかった。英雄のごとく先生は帰って来たけれども、学生からは、無能だというレッテルを貼られていたのよ。私が寝込んでおる間のことですが、「無能教授追放」ということで、それに滝川先生のほかにどういうわけか大西さんも引っかかってね。だから滝川先生は益々カンカンになったでしょうね。学生も憎いし、その学生達が私に「黙っておるのか、反論せよ」といって「追放の判定を駁す」を書かせただけでなく、さらに学生たちは、滝川さんと立会演説をしなさいといってきたのですね。

「学生の前で、滝川さんと討論せよ」というのですが、「そんなこと言ったって病気で動けんじゃないか」というと、「何とかして一時間か二時間出てこい」というので、「それは死んでもやらなきゃならん」、「滝川先生が出るなら私はいつでも出る」と返事したんですよ。しかし、これは実現しませんでしたね。

その後、学生が、私に何か続きをもう一つ書けというんです。それでもう一つ「続」を書いた。ところが、学生が持っていったら京大新聞に弾圧がかかってね。「佐伯の続稿は載せてはならぬ」ということになった。学生達が「申し訳ない、私達が意気地がないので続編の掲載を阻止されました」と原稿を返してきました。だから、滝川先生もやられることは必ずしもそれほど男らしくはなかったですね。

―今の我々から見ると、戦時中に書かれたものの中には、皇国史観に基づいて書かれた人は他に大勢いらっしゃるし、内容的にも先生が目立っていたという感じはしないのですけれども。それにもかかわらず、少数の中に選ばれたというのは、どういう気持ちですか。

● 名誉ですね（笑）

―刑事関係では、追放の対象になったのは。

● 小野さんですね。小野さんは公職追放ですね。教職追放とは違って、一切の公職につけない。教職追放というのは仲間がやるんですね。他の職にはつけるので、私も裁判官にならんかとかいろんなことを言われましたね。

《追放の経緯》

――先生の教職追放を決めた時の法学部の委員は、どなただったのですか。

●立川君がいて、滝川、加藤新平、大隅君がいたほか誰がいたのでしょうね。加藤新平君が委員会の中で大変反対をしたということが聞こえましたね。その加藤君がまた、滝川先生にずっと憎まれたとかいうことでしたね。

――大西さんは立命に来てからも不公平だと言っておられましたが。

●私は、これほど滝川先生から憎まれておるとは思わなかった。しかし考えてみると、思い当たることはあるんですよ。以前にお話ししたように、滝川事件の時、あの当時から、私にはどうも直言癖があるのでね、先生に「督戦みたいなことをしにいらっしゃらないほうがいい」と言った。先生はウンウンと言っていた。私に向かってはいつも非常におとなしかったんです。決して私に言葉を荒げたことはありません。しかし、それがどうもいけなかったんですね。確かに、あの時以後先生の態度が変わったようですね。

――確かに、教授会を抜きにして追放を決定するということは、京大本来の大学の自治とは違いますからね。

●先生自身がそのために大学を辞め、今度帰ってきたのは、文部省から大学自治を認めるという錦の御旗をわざわざ大学で取ってやった結果ですが、私達の追放の仕方はその大学自治とは違っていた。だから教職適格審査の文部省の規則がいかにあろうとも、それを京大法学部に適用する教授の罷免は、教授会にかけなきゃならんはずです。しかし、教授会にかけたらどうなるか分らなかったから、先生は強引に目をつぶった。

その点について議論をしようというといつも逃げるんです。立会演説会なんかは絶対にせんと言ってね。だいたい、先生は平素正々堂々とやることが好きで、逃げたり、卑怯なことはなさらん方だけれども、この問題については卑怯でしたね。進駐軍の影に隠れて何かやっているという感じが払拭できませんでしたね。

――その委員会で決定したことをその後進駐軍が認めるわけですか。

● いや、政府が認める。進駐軍はいちいちそこまで介入せんですね。

――先生は、当時、病後に追い打ちでしょう。大変なショックだったと思いますが。

● 病気が少し治りかけたすぐ後でしたね。滝川先生は学部長になって、人事も自分で勝手なことをしていた。それで「人事も全部自分に任された、そういう一札がある」なんてことを言っているということだった。後に、例の滝川先生に対する暴行事件が起こり、刑事裁判の上で、滝川先生の証言の信憑性ということが問題になってきたときは、そのことが問題になった。そこで弁護団では黒田さんを呼んで「一札」の件について詰問したけれども、どうもその点の返答ははっきりしませんでしたね。

滝川先生はそういう一札を自分がとったというように、常に言いまわっていたんです。しかし、理論的にはそのこと自体がおかしいでしょう。教授の任免は教授会の決議によるということを根幹とする徹底的な大学自治とそれとはどういう関係にあるかということ、それは真正面から矛盾するのですからね。「私が正義だ」というのでは問題になりませんね。

《滝川先生の横暴》

― 戦後初期の頃の学会はいかがでしたか。

● 私は、以前に言いましたように追放されて、本当は刑法学会もお座敷がかからなかったんですよ。いつの頃かね。やはり無視できなくなったんでしょうね、理事になりましたが。

― お座敷がかからなくなったというのは、学会をもう辞めた、そういう評価だったということですか。

● いいえ、辞めさせた、追放したということですね。それは腹に据えかねることがあった。若い人達が論文を書くでしょう。論文を書いたら私を引用せずには論文は書けないのですよ。ところが、決して私の名前は引用しない。中身は使っておるんですがね。これはえげつなかったですね。自分の書いたものが使われておるということは、自分にはよく分かるんですよね。

ナチスの時代にグリュンフートが追放されたでしょう。ボッケルマンはグリュンフートを完全に利用しながら、テーターシュルト（Täterschuld）を書いた。しかし、グリュンフートは少しも引用していませんね。ひどいですよ、あの本はある意味で、グリュンフートの剽窃ですよ。私は、ドイツのナチスの奴は怪しからんなと思っておったら、私が戦後、滝川レジームのもとで同じ目にあったので非常に印象に残ったですね。

そういうことだから、やっぱり滝川先生、私が刑法学会などに出てきて、大きな声でわいわいやったりするのは困ったでしょうね。できるだけオミットするようにしていましたよ。それに私の友達までそれにおべっかを使っていたしね。

その連中も私のところに来ると睨まれると思っておったのかな。なのに、植田君が学位を申請したら、その論文を審査員の滝川先生にぼろくそにやられて、あんなのはもう問題にならんと言われますしね。彼も私の仲間と思っておるから、先生はみんな憎いのですね。それで関西大学の学部長から植田君の論文はそんな価値がないのかと尋ねてきた。それで「そんなことはない。日本全体で見て、これは大変な水準の本ですよ」というと、滝川さんは「学位審査に値しない」といわれたというんです。「断じてそんなことはない」というと、「それじゃああんたが代わって学位の審査をしてくれるか」と言うので、私が代わって審査した。

―学問するものの姿勢の問題ですからね。しかしけしからんことですね。

●本当にやっぱり捨て置きがたいわがまま、横暴を先生はやりましたね。だから最後に学生に暴行されるということにもなったんですね。しかし、滝川先生については、一つの英雄像ができているからね。私も、弟子の一人として、それを引きずり降ろすつもりはさらさらない。うっかりして、今日はこんなことを喋ってしまったけれども、こんなことはいままで誰にも言ったことはないのですよ。言えばきりがないです。

―滝川先生には、そういう学問上の被害を受けているという人はだいぶんあるでしょう。先生以外にもそうですが、はっきり言えば、好き嫌いが非常に激しいことはありませんか。

●そうですね。

―それと昭和八年の恨みを二二年・二三年になってから何するということは信じがたいですね。その間に一〇年以上あって、人間的にもだいぶん成長されているはずですしね。学問をするものの姿勢としては困りますね。

●学問というのは、公正に、客観的にやらねばいかん筋のものですからね。その筋を歪めるというのはどうもね。

―先生ご自身は二六年に、学位を京大からとっておられますね。

●これも私は、京大に出すつもりはなかった。もうそういうことだから、だいたい私は追放とともに京大には足を踏み入れようと思わなくなったですね。

―かなり怒っておられたんですね。

●もう、唾も吐きかけんと、そういうことで来ておったら、私が何か、東京裁判でガタガタしておるときに、中田君が、「佐伯さん、学位を東大の方に請求されたら京大としてカッコがつかんのだから何としても京大に請求せにゃいかん」と言って、うちの山の神にやかましく言っていろいろ心を使ってくれたんですよ。だから、あんたらがそこまでいわれるのならお任せしようと言ってね。

《教職追放についての補遺》

―　今日のお話では、知らない事実がずいぶん沢山ありました。公職追放と教職追放というのも一緒に考えていました。教職追放が刑事法では一人ということですが、もう少しおられても当然と思うのですが。

●　一人ですよ。

―　戦時中は、皆さん類推許容論ですし、罪刑法定主義は、もう殆ど生きていなかったんですね。戦時刑法を研究された方も多いですし、刑法に限らなければ、法学論叢の論文は殆ど全部、昭和一七年、一八年から全部そうですね。

●　そうですね。

―　その中で、そんなに少ない人数の中に入っていたというのは。

●　目だったんですわ…（笑）

―　文学部の高山岩男さんは、ご存知ですか。

●　ああ、高山さんね。

―　たしか、二一年八月二日に追放ですね。

●　公職追放ですか、教職追放ですか。

―　教授追放としか書いていませんね。

●　それと、西谷啓二、高坂正顕、高山と三人、それと鈴木成高氏は歴史ですね。文学部はひどかったですね。

―それも文学部内部の委員会で決めたものですか。

●いや、これらの方は、京都学派といって、戦時中に活動しておったですからね。

―京都学派というのは、そういうイメージがあるんですか。固有名詞だったのですか。

●そういうのが、一つのグループとしてあったんです。西田哲学や田辺哲学がそういう方向へ流れていくんですね。お弟子さん達がね、田辺さんにも「懺悔道としての哲学」というのがありますわ。

―たしかにみんなあるはずですね。ないのは風早先生とかですね。獄中にあった人はないですけれども、そうでないかぎりは仕事ができない状態だったというわけですね。その中からピックアップされる、たまたま標的にされるということは。

●それはやはり標的になる存在ということで目立つんでしょうね。

―立命のある先生が言っていましたが、戦時中ひどいことを言っておられる方もありましたね。

●それを言ったら、きりがありません。しかし、しなかった、言わなかったというような格好はせんほうがいい。したことはしたことなんだからね。それに打たれるときは打たれにゃいかん、しようがない。思いは別ですよ。しかし、償わないで一生、あれが出てきたら困るとか、あれをやられたら困るとかいう思いで戦々恐々としているよりかはね。

―平等というのは法の基本ですからね、手続的正義が全うされなかったのですね。

●だいたい、基本的に、手続的正義という観念がないんですからね。本当に大学の処分にも、ヒヤリングか何かの弁解の機会というようなことを考えた人は、戦後でもずっとなかったですよ。

—学園紛争の頃に、一寸出て来たくらいですね。

●それまではないでしょう。ただ、伊多波君がやられたときには、それを痛感しておった。本人から直接事情も聞かないで処分されてしまった。大隅君が、その責任者か何かだったので、私は、ヒヤリングか何かで本人たちは意見を述べ弁解する機会を与えたうえでの処分でなければならないということを間接的に伝えたが、わたしらは、あの処分は正しいという信念を持っておるというような大隅君の言葉と思えんことを言っていたようです。しかし、これが処分についての日本の伝統ですね。

X　弁護士登録、関西の研究会

《弁護士登録、東京裁判》

―さて、昭和二二年（一九四七年）七月に京大を辞められて、その年の一一月二〇日に、弁護士登録をされていますが、これは、もう、直ぐに決められたわけですね。

●そうです。その間に、東京裁判に引っ張り出されたのです。

―東京裁判には、何時から関与されたのですか。

●私は二二年から関与したかな。A級の武藤氏とB級の東海軍司令官のB29搭乗員殺害事件の弁護をしました。もう京大を辞めて、弁護士登録をする前に、加勢するように言われて、身体も良くなったので東京に出ていきました。

―弁護人の選任は、誰がするのですか。

●本人ですよ。終戦連絡事務局というのがあって、それが本来の世話人です。GHQの承認は必要だったんでしょうがね。清瀬一郎、岡本正一という弁護人がいて、岡本さんの息子さんが法学部の学生にいましてね。先生が休んでおるならばやってくれませんかということでした。もっとも、武藤氏は、熊本出身で、話をしていたら廻り縁か何かにあたるといっていましたし、中学の先輩でもありました。

―弁護士の資格はなくてもできたのですか。

●あれは、登録する前でしたが、法律家であって、向こうが認定すればできるんです。ロー・プロフェッサーということでね。

―東京には、ご家族で移られたのですか。

●いやいや、私だけ住居を移して、家内の実家の世話になっていました。単身赴任です。

―どのくらいの期間されていましたか。

●判決までずっとです。もちろんそれだけでは、飯は食えませんし、本業の弁護士もせにゃならんからね。東京で確か最初に刑事弁護をしました。東京裁判をやりながら、登録が済んだ一一月くらいにそれが最初の事件でした。それも伊達君が裁判長でしたね。偶然ですがね…。

東京裁判で、京大の先輩の弁護人がいてね。「佐伯君、登録が済んだなら事件やれよ」と言って、紹介してくれた。行ってみたら伊達君の事件だった。共犯の事件でね。女主人が統制違反で挙げられて、主犯のその店員の弁護人も吉田太郎と言って、これも京大出の弁護士で、それが刑事弁護の初めでした。いろいろ教えてもらったですね。

―東京裁判の弁護だけでは、生活できなかったのですか。

●できませんね。食えんですよ。

―それだけの収入はなかったのですか。

●ないですね。それはもう、特にこちらから向こうに行っているから、安かったですね。

―弁護料は国から支給されたのですか。

●終戦連絡事務局から出したんでしょう。安いんですよ。

―奉仕ですね。

●奉仕ですよ。岡本さんとか、有名な人達はずっと向こうに行っておるので、お嬢さんのピアノを売ったというような話をしていました。

《弁護士のありかた》

●あのとき法律家の中にも、アメリカにおべっかをつかうか、アメリカと何かの仕方で一戦を交えるかの二色がありました。戦犯の弁護ということで、一つ何とか抵抗したいという思いと、戦犯の弁護をするとはもってのほかである、民主主義に敵対することであるという考えとね。

横田喜三郎氏が後者のようなことを言ってたんですね。それを聞いてアメリカ人の弁護士達がカンカンに怒った。大学の法学部のプロフェッサーでそういうこともわからんのかということでね。

我々は敵国民だ、それでも被告人達を共同で弁護している。これを一体どう考えるのか、刑事弁護のためには、自分の国の利益と対立してでも弁護すると、それが弁護士の道ではないかと、何ということをいうんだと言って問題になったんです。

しかし、アメリカの弁護士たちもね、アメリカからこちらへ来る時に、市民から何で敵の戦犯共を弁護するんだという抗議を受けた。しかし、それは心なき市民であって、我々の伝統というのは、そういう者にも公平な裁判を受けさせるように協力することが、ローヤーの最も光栄ある任務であるということでみんなを説得してきた、と言っていました。彼らは誇りを持っておるんですよ。連合国の裁判官に対して、被告の事件を擁護するということは、よくやったものです。

――それは先生が弁護士を始められてすぐの時に、弁護士とはどうあるべきかということを学んだということになりますね。その後も、それが生きているということですね。

●そうです。昨日、米田さんから聞いたんですが、私が鳴海殺しの事件の弁護をしたでしょう。あれについて、佐伯さんを見損なった、あんな凶悪な奴等の弁護をするなんて、イメージダウンだというようなことを言っておる人達がいるんだということでしたね。反社会的集団の反社会的行為を是認したり慫慂したりすることはいかんけれども、しかし果たして彼らがそういうことをやったかどうかということは別ですね。あの事件には、やらんのをやったというようにみんなが寄ってたかって、でっちあげている疑いが多分にあったんですよ。

――少なくとも、どんな事件でも証拠に基づいて、きちんと判断しないといけない。そういう手続を守らせなければならないわけですね。

●相当の刑罰以上の罰を受けるべきではないということですね。

《軍事法廷》

―東京裁判は一年半くらいですか。昭和二一年五月三日に開廷で、二三年の暮、一一月一二日に被告人に有罪判決が下されて、一二月一三日に絞首刑執行となっていますね。

●やっぱりA級戦犯というのは、滑稽な人物もおったけれども、度胸の据わった人物もおったですよ。

―結局、アメリカ流の裁判が、弁護士になられて最初に経験された法廷ということになったわけですが、その後はいかがですか。

●それから横浜の軍事法廷で、東海軍司令官以下がひそかに、落下してきた二、三人のB29搭乗員を処刑したという事件の弁護をしました。これは、大岡昇平も「長い道」という小説で東京新聞に書いていますね。

―和島先生も軍事法廷で、アメリカ流の刑事裁判を勉強されたと書かれていますね。

●彼は横浜と大阪のA級戦犯の弁護人でね。同じような経験でしょうね。

私は、東京裁判が終わって、こっちへ帰ってきた。御堂筋に大阪地区の軍事裁判所があって、そこでずいぶんいろんな事件を弁護しました。その頃は、共産党の諸君がいろんなことで引っかけられたんです。けれども、進駐軍の軍事法廷には共産党の弁護士など入ることも許されないということで、それなら保守反動の佐伯に頼むということですかね。

―手続がだいたい全部英米法流で行われたとすると、当時の刑訴とは大分違うでしょうね。

●それが面白いんです。非常にリーズナブルな感じがしました。

―先生が最初に、英米法の手続に関与されたということは、現在の先生の訴訟観にも何らかの影響はあるでしょうね。

●それはあるかも知れませんね。どうしても日本の裁判よりは、向こうの裁判が本当の裁判のような気がしましたね。本当に対等平等ですからね。検事と法廷でわたりあうわけですから。

《新刑訴法の発足》

―新刑訴については、昭和二三年・二四年に「新刑事訴訟法と刑事弁護」、あるいは「新刑事訴訟法管見」、「新刑事訴訟法の人間観」と続けて書いておられますが、(『刑事裁判と人権』(昭三二、法律文化社)に所収)、それらもやはりそういう経験の中から生まれたということですか。

●そうですね。新刑訴を作る過程では、浦部衛君が、実際の仕事をしておったんです。それで、浦部君が、そういう関係の資料がちょっとまとまったら送ってくれました。だから新刑訴ができていく過程についての内部資料も相当ありましたね。

―先生は、旧刑訴の講義はされたのですね。英米法を最初に体験された印象というのはどうでしたか。

●私はそれまでケニーの本を一冊読んだだけでしたからね。

―たとえば、起訴状一本主義など、それまでの日本では予想もつかない制度だったと思いますが。

●非常に清新だったですね。本当に当事者訴訟というものはかくあるべきものだと思いましたね。異議申立というのが面白いんですね。

―楽しんでやっておられたんですか。

●そうですね…。

《黙秘権》

―昭和二六年に「いわゆる黙秘権について」と「税法と黙秘権」という二つの論文を書いておられますが、これはどういう経緯で書かれたものですか。

●東京裁判に行っておる時に、後で法制局長官になった真田秀雄君というのが地裁の裁判官で、その頃は立法にも関係しておって、彼と黙秘権の話をしたことがあります。所得税や物品税法には、不答弁や無申告の罪の規定があって、本人に不利益な事実の供述が間接的に刑罰で強制されているでしょう。真田秀雄君と日比谷の公園でいろんな話をしているときに、あれは黙秘権の行使を処罰することになっておかしいじゃないかと言ったんですよ。その後、彼が何か折衷的な立法を考え出して、これでどうですか、と言ってきたことがありました。

当時は、黙秘権なんか認めるのはけしからん、悪い輩がはびこることになるというようなことを言う人もいました。佐藤藤佐氏が検事総長のとき、証拠開示のことで私達が最高検に会いに行ったとき、やっぱり同じようなことを言ったんですよ。「君達が黙秘権、黙秘権というから、事件が難しくなってしょうがない」とね。私は、それに対して、しかし、黙秘権なんて、昨日、今日始まったことではないじゃないか、昔から戦時中から被告人には黙秘権があったので今更黙秘権がどうこう言うのがおかしいんではないかという話をしたことがありましたね。

――当時はまだ、黙秘権という観念は一般人の間には根付いていないということもありますけれども、戦前にそれがあったのですか。

● 自白義務がないということはね、旧刑訴時代でも常識でしたよ。自白を強要してはならんということね。

――黙秘権はどうですか。

● 黙秘権という言葉はないんです。

――そういう意味で戦後それが入ったということは、特に、戦前からの刑訴を知っている人は特異に感じるということはなかったのですか。

● 名前だけが新しいので、実際は、黙秘権というのは、旧刑訴の時代にも認められていたということです。旧刑訴は決して黙秘権を否定したのではなくて、ただ黙秘権という言葉がなかったのですね。

―旧刑訴の解説物をみますと、黙秘権つまり言いたくないことを言わんでいいということを書いている人と書いていない人があったように思いますが。

●そうかな。私は常識だったと思いますよ。旧刑訴時代の人達が書いていないのは、黙秘権を否認したということではない。それは当たり前のことだから、書かなかったんですよ。旧刑訴にそういう誤解があるなら、これは大変残念だと思いますね。

旧刑訴は平沼騏一郎が中心になって作ったもので、平沼は保守反動のようにいわれているけれども、あの旧刑訴というのは、当時の新刑訴で、当事者訴訟主義なんです。被告人に刑事訴訟法における検事と対等の当事者としての地位を認めるということを土台にして、旧旧刑訴を改めたんです。ですから、被告人を証拠方法として取調べることはできない。被告人尋問というものは、ただ、本人の意見、弁解を求めることで、自白させて有罪の証拠を取るための取調べということは許されない、ということが強調された。しかし、本人が任意に供述するならば、それは証拠にとってもよいというまででね。確か被告人尋問という章をそういう意味で改めたと書かれていましたね。

平沼騏一郎にしても、林頼三郎にしても、しきりにそのことを強調しておった。私にはその印象が非常に強く残っています。そういうように、当事者訴訟という考えは旧法当時も法に現れておったんです。被告人の地位をどう上げるかとね。

《弁護人の地位》

― 弁護人の地位は、戦前と戦後とで大きく違ってきているということはありませんか。弁護人の真実義務というのは昔からなかったのですか。

● なかったと思います。しかし、証拠湮滅は許されませんね。

― たとえば、現在では弁護人が被疑者に会うと先ず最初に「何も言うな」ということがありますが、当時は、言うなというのはやはりだめだということはありませんでしたか。

● 大体、戦前にはそれはありえなかったんですよ。当時は、公訴提起後でないと、弁護人の選任もできませんでしたしね。しかも公訴提起後の弁護人との接見にも必ず看守が立ち会っていて、話すことをメモしていました。戦後のような秘密交通権というのはなかったのです。

― そうすると、「言うな」という機会もなかったわけですね。仮にあったとした場合、立会人がおったとしても、「言いたくないことは言わんでもいい」ということを言ったとすればどうなりますか。

● それはね、自白義務はないのだから、自白義務はないんだぞということは言っても差し支えない。

― ドイツの戦前なんかみますと、弁護人が被疑者に対して「言うな」というようなことは、証拠湮滅ないし実体的真実追究を妨げる行為であるという評価があったように思いますが。

● 私はそういうことはなかったように思いますがね。私は宮本刑訴で勉強したから、宮本刑訴には、そういうことはなかったですね。先生もその点を強調しておられた。

《崩壊しゆく人権保障》

― 戦後、新刑訴がはじまって黙秘権などを中心に整備されてきたわけですが、昭和三〇年になると先生は「崩壊しゆく人権保障」という論文を書いておられますね。その間の事情は、どうだったのでしょうか。

● 私は、新刑訴が、やはり英米法的にいくと思った。だから三一一条などの供述調書などは、あのように、原則と例外が逆になるとは考えなかったですよ。法典からみればほとんど供述調書が証拠になる場合はない。法廷の供述だけが中心になっていくと、そういうように思っておったんですがね。それが実際は全然違った運用になってしまったんです。これは法律とは違うでしょう。

― 「崩壊しゆく人権保障」の中身は。

● これは逮捕勾留や接見交通ですね。接見の問題で、面会切符について書いた。検察官は身柄を預かっている警察に接見の指定すると言っておきながら、弁護人には指定書・面会切符を出さんのですよ。警察に行くとこれは、指定になっています。しかし、切符も出さないから、結局いつまでも面会できない。それはけしからんということで、検事の処分行為だから取消を求めたら、京都の裁判所の小田裁判官が、接見指定を出さないということは処分しないということであり、処分行為についての準抗告制度だから、処分しないということについての準抗告はあり得ないということで却下したんです。

それがどうもそのまま罷りとおりそうなので、たまりかねて叩いた。叩いたところがその後、裁判所の態度が変わったんですね。それも処分であってそういうことは良くない、取り消すようにとね。それでだんだん良くなったと思ったら、最近また逆行ですね。

ですから、憲法の権利だけではなくて、刑事訴訟法の人権というのは絶えず当事者が、特に弁護士が、戦って守っていかなければ、いっぺん獲得したものは御安泰ということでは決してない、というのが私の痛切な感じですね。みんなが常に舵取りを怠らず、戦って守っていってやっと維持されるのですよ。すぐに裁判所・検察庁・警察の力で押し戻されてしまうんですね。元も子もなくなります。

《裁判所の動き、陪審》

― 裁判所については、戦後今まで見ておられて大きな流れがあると思うのですがいかがでしょうか。当初、最高裁判所には随分期待しておられたと思いますし、八海事件の頃は「まだ最高裁がある」といわれたわけですが。

● そうですな。当時そういう言葉があったんですよね。それが今や、最高裁も頼むに足らず、もう職業裁判官には、日本の刑事裁判は任せられないと、やっぱり、刑事裁判権を国民の側に取り戻す他ないというのが私の今の本当の気持ちですね。ですから、そういう意味で陪審という声をあげて叫ばなければならないですね。

―どうして日本の裁判所は、そういうようになってきたかということは、どう考えたらいいのでしょうか。

●官僚組織で、彼らはやはり検察官、警察と身内ですわ。官僚どうしだね。

―それは戦前から引き摺っているという感じですか。

●戦前の方がね、まだ私は対抗意識というかお互いを犯さないという意識があったと思います。戦後は何か裁判所が非常に検察に対して弱くなったような気がします。裁判所の民主化ですかね。戦前よりも、裁判所の地位は非常に上がっておるんですね。しかし、上がった地位に適わしい裁判官がちっとも育てられなかった。本当に人権感覚のある裁判官は排除されていくでしょう。そういう雰囲気というのは、どこから出るんですかね。最高裁の裁判官を、政府が任命するということで、頭を押さえますからね。

―裁判所に期待すべきところも随分あると思うのですけれども、今のお話ですと、現状でも、陪審しかないということになりますか。

●最高裁が態度を改めたらね、私はまだこのままいけるかもしれんと思うけれども、態度が改まらんかぎりはね。

《取調べの弁護人立会い》

―「判例は変わるし変わらなければならない」というお話をされていますが、現状ではあまりいい方向に変わる可能性は見られないということですね。

● そうですね。弁護士の方も弱いからね。私はね、いつも言うけれども、黙秘権の告知とか、弁護人選任権の告知とか、そんなことは意味がないと、取調べに弁護人に立ち会ってもらう権利と、これを一本入れたらね。もし入れたら日本の捜査状況は変わりますよ。大きな機構にも、そのどこか一つ動かすと全部瓦解したり、どこか模様が変わったりするというポイントがありますね。私は、捜査については、取調べにおける弁護人の立会い権の確立だと思いますね。

これは小さい釘ですけれどもね。これをもし入れられたら、全体が変わります。そうなったら、現在のように、否認する奴を二〇回も三〇回も調書をとって、少しずつ要旨を変えていって、結局、否認を自白に変えるというような、そういう調書万能ではやっていけない、そうはいかんようになると思います。

《毛利先生、大江ビル》

― 先生ご自身は、二六年の一〇月末に不適格指定の取り消しがあって、神戸大学、立命館大学に講師としていかれた後、立命館大学に就職されていますね。

● 神戸大学では、教授にすぐ来いと言ってきたんです。しかし弁護士になって、これもいいなと思っておったし、ちょっと心が動いたこともあったけれどお断りしました。
―先生は、当時、国家公務員になれば後何ヶ月かで年金がつく状態だったのでしょう。
●かみさん等は、そういうことを思っておったらしいけれども、毛利与一さん等の仲間がね、絶対にいかんと、折角、在野法曹になって我々の仲間になったのにまた抜けられたらどうもならんと弁護士の仲間が絶対に承知せんかったですよ。
―現在の若い人からいえば、年金がついた方がいいと思いますからね。半年だけ勤めればそれがつくんだから、その方がいいと思いますがね。恐らくサムライ的な、お金のためにちょっと動くのは嫌だというのがあったんでしょうね。
●やせ我慢ですよ。それをやっていたら、神戸大学は人事面でも京都大学の影響下に止めておかれたんでしょうがね。
―現在は東京からいく人がほとんどですね。ところで、毛利先生とは、かなり長いおつきあいですか。
●それはもう、私が研究室にいる頃からの親しい仲です。
―弁護士になられてから事務所は、何処でしたか。
●岡本正一さんに、東京裁判を一緒にやってくれと言われて、岡本さんの事務所にしばらくおったんです。それから、後はもうずっとこの事務所です。大江ビルの五階、二三年頃ですかね。東京裁判が終わってすぐです。

――この間、弁護士四〇年の表彰がありましたね。だから、四〇年位になるんですね。当時は、立派なビルだったんでしょうね。

● 当時は皆、焼けてますからね。希少価値ですよ。大正四年頃のビルです。

――焼け残っていたんですか。

● 焼け残っていたから値打があるんです。特に戦後はね。

――骨格はみんな同じですか。

● 同じです。

――現在でもびくともしないですね。

● いや、それでも漆喰などは風化してボロボロです。天井は高いですよ。その頃から刑事訴訟法研究会はやっていました。

《刑事訴訟法研究会》

――その刑事訴訟法研究会ですが、最初、場所はどこでやっておられたんですか。

● 最初は毛利さんの事務所が本町の野村ビルにあったんですよ。そこに有恒クラブという大阪市大のクラブがあったんです。そこを毛利先生が世話してくれるというので、そこでやっておったんですがね。

――何人くらいで…

●やっぱり一〇人くらいか、もっとおったかな。
―この前のお話では、裁判官の方が多かったとか。
●裁判官が多かったですね。現在、裁判官をやっている吉川寛吾さん、児島武雄さん、石松竹雄さん、梶田英雄君、石井一正さん、辞められた下村幸雄さん、今考えると、皆、民主的な裁判官ですね。

《立命館大学》

―その頃はもう、先生は立命館大学におられたのですか。
●そうです。
―専任になられてから日がまだ浅かったんですね。
●そうそう、ずっと講師でした。末川先生が専任にならんと具合が悪いといわれ、おれのおる間は教授になっていてくれとおっしゃった。しかし、私は断っていたんです。竹田直平さんという立派な学者が立命館の卒業生にいるのだから、自分より直平さんに帰ってもらうべきだ。私が行くことはないと言っていたのです。
しかし、立命館の諸君はその後竹田さんを何か目の敵にしとるんですね。そうすると、それじゃ、アンブロックで、一緒に来てくれと、竹田先生も、あんたと一緒にお帰りいただくということで承諾してくれということになり、それならと承知したのですが、竹田君は断ってしまったのですよ。彼も大変な意地者ですからね。私みたいに激しいことはやらんけれどもね。結局、私がひとりで教授になることになったのです。

— 竹田先生は近畿大学に呼ばれたんですね。

● その後です。後で近畿大学に行ったんです。

— そのときは、弁護士をしておられたんですか。

● 一応弁護士はしておったけれども、あまり弁護士の仕事には熱心でなかった。しかし、弁護士としても優秀でしたよ。たしか、何かの事件で高裁に異議申立てをして、裁判長が頭を抱えていたことがある。

一緒に弁護した事件もある。それは、大阪造幣廠大造事件で、その事件の被告の一人の一ノ瀬さんという第一製造所長が竹田さんの義兄だったんです。この方の奥さんが竹田君の奥さんのお姉さんです。そういうことで、これだけは弁護せにゃならんということで、偶然、私も、相馬さんという大造の長官に頼まれて弁護を担当したので、一緒に弁護した。この事件は高裁で無罪になったのですが、一ノ瀬さんはその前に亡くなってしまったので。以後、先生も弁護団から姿を消しました。

《刑法読書会発足当時》

— 大阪刑訴研究会、刑法読書会のことに戻りますが、どちらも最初というとはっきりしませんね。

●私は、だいたい名前をつけたことがない。京大の学生の集まりのことでも、名無しで、誰かが無名塾などと言い出しよってね。刑訴研究会も何時、そういうことになったのかわからんしね。

―読書会も名前はなかったのですか。

●読書していただけですよ…（笑）。

―案内を出すようになると、名前がいるんですね。読書会の場合はどうでしたか。

●後で泉君が資金面を援助してくれたんですが、初めは、大学院の学生さん達が何をどうしていいか分らなくて途方に暮れておったんです。平場君、宮内君は、まだ若いしね。滝川先生は何も指導してくれないので、御両所もどういうように若い人達にやらしていいか分らない。本当に見ておると途方に暮れているのが分かるんです。ひとつドイツ語を上手に読むようにしようかというようなことになって、何か本を読むかということになった。それは必要を感じていたから集まってきたんですね。

最初、何をやっていたのかな。ツァイトシュリフトの論文なんかを持ってきては、これを読め読めというようにしていたんですね。初めて一緒にまとまって仕事をしたのは、法務省から依頼されたグートアハテンの翻訳ですね。あれは、当時私が偶然買っておったものを、皆も勉強のためでも、誰かが既に読んだものを後から読んだのでは面白くなかろうから、誰も読んでおらん最新の文献を初めから読むことにするかということで、みんなに手分けして読ませたんですよ。

当時は、コピーがなかったから、一冊をばらして、それぞれ分担してやった。最初中身の報告をさせて、そのレジュメを立命館法学に載せようということになり、その原稿を書かせることにした。これをやっておるうちに、皆段々ドイツ語が上手になってきた。それを法務省の人が見て、それを全部翻訳してくれないかということになり、読書会はそれから事業をやることになったんです。花背の合宿は、その訳の仕事で、担当者の間で字句の調整とかいろいろやりましたね。

——平場先生、宮内先生が中心になってされていたわけですね。

●読書会というのは、平場君、宮内君が責任者でしょう。どうも失礼だけれども、若い人達と余り年齢の差もないし、やはり経験も指導もしたことがないのでね。ちょっと私が加勢しようということで始めたんです。だから、若い人達を鍛える会です。寒稽古はあるし暑中稽古もあるんでね。それぞれまとまって二、三日ぶっ続けでわーとやるわけですよ。

《関西部会》

——当時、関西部会というのは、どういう状態だったんでしょうか。

●刑法学会ができてから後のことですね。刑法学会の関西部会ですからね。

——かなり早いうちに、刑法学会と同時くらいにできているんですか。

●同じくらいでしょうね。

——滝川先生を囲む個人的色彩の強い会だったと聞いておりますが。

● そうですね。西園寺公別邸の清風荘でやっていたようですね。その後は、楽友会館ですか。関西部会の他に、阿倍甚吉さんらが中心になって、朝日ビルでやっていた滝川先生を囲む研究会もありましたが、滝川先生が亡くなられて自然消滅のような形ですね。

— 関西部会も、一時中断していて、昭和四六年か四七年に平場先生を中心に再開されています。現在でも、関西は研究会が非常に多くて研究会の中で、皆鍛えられて少しずつ一人前になってくるということですが、最初は佐伯先生の弟子を鍛えるというところから始まったんですね。

● 今の若い人達からは、そうでしょうね。それはね、この前にお話ししたように、恒藤先生を中心にした法哲学の研究会が滝川事件の前にあって、そのときはやはりパシュカーニスか何かを寒稽古でやった。年末、集中的に一冊ドッとね、みんなフーフーいうのですがね、力がつくんですよ。

《関西の刑事法学》

— 大阪刑訴研究会を清交社でやるようになったのは何時ごろからですか。

● 何時ごろからでしょうね。はじめ毛利先生のお世話で有恒クラブでやってたんですが、交通の具合で清交社になったのです。その後はずっと清交社でした。毛利先生にはちょっと悪かったけれども、みんなの足場の都合上、もう清交社にしましょうということになったんです。

— 費用のこともあったのではないですか。毛利先生にばかり出していただくと悪いという。結局、世話した人が出すということになっていて、それは気の毒だということで、それで佐伯先生が、私も持つからということで清交社にしたはずですね。現在は毎回五〇〇円（二〇一一年現在は一〇〇〇円）ずつ集めていますが、これは最近のことでそれまではタダだった。

そういう先生は、関東には余りいらっしゃらないようです。関東の人達から見れば、関西は仲が良くていいという一面と、少しなまぬるいんじゃないかという評価はありますけれども。先生方が全体で、同じ大学でなくても鍛えてくれる、面倒を見てくれるというシステム自体は本当に珍しいと思いますね。

● 向こうは、各大学が割拠していますね。他所に行くと先生が睨んだりするんでしょう、大変コントロールが強い。私は、それは良くないと思いますね。あらゆるところにコントロールがあってはならないんでね。

— コントロールしないように、コントロールしておられる…。そういう自由な雰囲気が全体に浸透するのは、やっぱりそうやって全体が集まる機会があるからですね。

● そうですね。自分が批判されて、カンカンになったりするのは、おかしいですよ。年寄りは、若い人達の埋め草になっていくのが当たり前のことなんでね。

— 関西の学風のもとには、やはり佐伯先生のパーソナリティがありますね。捨て身になって、親分肌で、お金のことは心配いらん、よし任しとけという、しかも、行動力があって、組織力がある、そうして怒らない、どれか一つが欠けてもまとまりにくいですね。やはり佐伯先生を中心にしてまとまったように思いますが。

● そういうことはない。中心としてはいかんでしょう。

―読書会もそうですし、大阪刑訴研究会もそうですし、やはり、学問プラスパーソナリティがあるのではないですかね、ということは、逆に言うと、佐伯先生がそういうことをされなくなると、ちょっと関西は危なくなるような気がしますね。

● いやいやそういうことはないです。共同作業の楽しさや、効果がもう、こちらで分かってきていますからね。フェストシュリフトの紹介なんて、こっちでやるようにしなければ、結局できませんよ。あれはすごい作業ですよ。みんなでやるからできるんでね。読書会の紹介も、もう当たり前のようになっているけれども、あれは本当に黙って利用している人が全国にたくさんおりますぜ……。

読書会でもう少し、自分がやった分だけでなくて、他の人のやった分も十分利用すると、あれは値打があると思いますね。こっちはね、自分がやったことだから、人のやったことも理解して、それで、自分の知識を高めるものを持っているんだから、もうすこし本当に利用してもいいですね。素晴らしい仕事ですよ。みんなで読んで、わからないところをお互いに議論しあっていったら、それだけで素晴らしいことになりますね。

―そういう意味で、日本全国の学会の動きは別として、少なくとも関西における位置づけということになると、先生はやはり大きいですね。この雰囲気を作られたのは、佐伯先生と、平場先生、宮内先生ですけれども。

●みんな仲が良かったということですね。私は、『生きている刑事訴訟法』の第三巻をいっぺん考えにゃいかんと思うんですがね。若い方々にちょっと勢いをつけてもらってね。

XI　刑法改正問題

《刑法改正問題との関わり》

― それでは、刑法改正問題との関わりについてお伺いしたいと思います。戦前の改正作業に関わったことはありましたか。

● 戦前は関係ありませんね。戦前の改正作業は、法制審議会と内閣の中で、ごく少数の人達で決めたもので、秘密の会での決定でした。

― 改正刑法仮案は、昭和六年に総則、昭和一五年に各則が作成され、同年に一緒に発表されたと紹介されていますが。

● 総則部分は、すでに昭和六年に公表されていたと思いますね。その前すでに、昭和二年に「刑法改正予備草案」があって、これは泉二（新熊）さんが中心になって作られたもので、牧野（英一）

さんなんかも関係しておられなかったようです。私は、仮案をみて、こんなものができたのかと眺めていた程度です。宮本（英脩）先生も滝川（幸辰）先生もノータッチでしたね。

――東京の方が中心ということですか。

● 東京といっても学界からは牧野先生一人でしょう。小野（清一郎）さんは、まだ幹事か何かで、意見を述べる立場になかったのではないですか。ちょうど、改正刑法草案の時の吉川（経夫）さんなんかと同じ立場ですね。草野（豹一郎）さんは委員だったかな。

――そうすると、先生の刑法改正問題との関わりは、戦後の「改正刑法準備草案」からということになりますね。

● そうです。それも、準備草案を作った「準備会」には関係がなくて、むしろ外から批判するということでした。

その後、昭和三七年（一九六二年）に、法制審議会の中に、専門家だけの「刑事法特別部会」が作られましたが、そこに、どういうわけか私に入れと言ってきたんです。なぜ私が入ったのか今もって分らないんですが、小野さんが入れたのかな。

――弁護士会の代表というのではなかったのですね。

● それはずっと後で、当時は、法務省からともかくなってくれということでした。地方では、九州から井上（正治）君、関西からは平場（安治）君、東北から荘子（邦雄）君、木村（亀二）さんもいましたね。私は、学者としてか弁護士としてか、よくわかりませんが、たぶん教授としてではないでしょうな。ともかく弁護士会とは関係なかったですね。

弁護士会の方でも、日弁連の中に「刑法改正委員会」が作られましたが、準備草案が出されてすぐに、大阪でその検討をしようということで、私が井戸田先生を引きこんで、大阪弁護士会の中に「刑法改正特別委員会」ができました。この特別委員会が、準備草案を逐一検討して、「大阪弁護士会の意見」を昭和三八年一一月に出しました。準備草案についてのまとまった意見としては、最初のものだったと思います。実は、その「総則」は私、「各則」は井戸田さんが、ほとんど書いたんです（井戸田注「私は委員会の意見をまとめて書いただけです」）。発表は、三八年一一月ですが、書いたのはもっと前ですね。三五年の八月から毎週土曜日に会合を開いて三六年三月に一応終了ということでした。

― 保安処分の規定には、この段階では賛成しておられますね。当時は、反対論自体がほとんどない状態で、精神神経学会も当時は賛成論でしたね。

● 昭和四六年の精神神経学会の変化は大きかったですね。『刑法改正の総括的批判』の末尾に少し整理をしておきました。

《刑事法特別部会の審議》

― 刑事法特別部会は、いくつかの小委員会に分かれて検討していたわけですね。

● そうです。少人数の小委員会で下準備をしてきて、それを総会にかけて決定していくという手順でした。私は、小委員会には入っていなかった。小委員会は東京の人達が中心でしたが、平場君などは入っていましたかね。

小委員会で専門家が検討したのだから総会ではもう文句なしに通るだろうと思っていたら、どっこいそうはいかなかったのです。それで小委員会の諸君も、法務省の諸君もきりきり舞いすることになるんですよ。

―刑事法特別部会の審議は、随分長期間にわたって行われていますね。

●九年間ですよ。第三読会までやったでしょう。総会で議論をして、「ここはこう変えないといけない」ということになるんですが、それをうっかりやると、今度は全体でちぐはぐなところが出てくるんですよ。そんなところがあって、私が「どうも具合が悪いぞ」と言って、中断して午前中休みにしたこともありました。臼井(滋)君が、世話係をしていて、一寸休ませてくれと言ってね。

―平場先生・平野先生などが委員を辞められた経緯についてはいかがですか。

●あれは、別に計画的ということはなかったですね。井上君が最初に辞めましたが、たしか学長代行か何かということだったでしょう。平場君も学部長になるということでしょう。特別部会の中で、小野さんとどうこうということは、平野君もそうなかったような気がしますけどね。

小野さんとやり合ったのは私ですが、それも特別部会ではまだ和気あいあいだった。小野先生に、「先生だいたい反対せにゃならんのに何で賛成するんですか」と私が言うとね、「立法はやはり、古い言葉だけれども、妥協なんだから、僕もこれは良くないと思うけれども…」というようなことを言っていたんですよ。

後の本会議にかかった時に、「佐伯君、あなたの意見はもう特別部会で嫌になるほど聞いたから繰り返さないで下さい」と言われるから、「冗談じゃない。メンバーが変わっている。同じメンバーは貴方と僕くらい、他は大部分違うんだから、特別部会では私の意見は一人だったけれども、ここでは一人とは限らない、私の意見をもう一回述べる必要がある。私の意見を封ずるというのなら私を首にしなさい。今度は私は、弁護士会を代表してきているので、貴方の言うとおりにするわけにはいかん」といったら、神谷（尚男）会長代理が「まあまあ」ということでね。座がしらけても、もう平気でしたからね。その時も、隣にいたある委員から「佐伯君、やってくれ。俺は何にも知らんのだから君の意見を聞きたいんだ」と言われましてね。しかし、これもそう殺気立つような雰囲気ではなくて、一つの愛嬌ですよ。

―それは、法制審議会の親委員会の時ですね。この親委員会には弁護士会の代表として出ておられたわけですね。

● そうです、弁護士会は四人です。東京三会の三人と私とで、この問題が続く間は代わってくれるなということで留任していたんです。

―話を少し戻しますが、特別部会の雰囲気は、やはり小野先生中心ですか。

● 小野先生は、必ず小委員会をめぐってずっと指導していましたからね。段々と、やはり幹事諸君が抵抗してくるわけですね。それで本会議になると私がまたひっかきまわすものだから、彼らは快哉を叫んでいたんではないですか。私自身は彼らの意見は、直接知らなかったけれども、私の意見と共鳴する人は幹事諸君には多かったようです。

――幹事は、先ほど吉川先生の名前がでましたが、他には…

● 慶応の宮沢浩一君、東大の松尾浩也君、早稲田の西原春夫君などですね。慶應の宮崎澄夫君、日本大学の日沖憲郎君などは、本委員ですね。本委員である方が、法務省にあまり同調的なので、私がそれをたたくということで、幹事だったその方のお弟子さんが私に「僕は恥ずかしいです。うちの指導教授は、もう…」と言ったこともありましたよ。

また、たしか「公害罪」の規定を入れるという時に、その担当の小委員会の委員長をしていたある先生が、「前回、佐伯委員の発言もあったので、公害罪の規定を入れることにした」と言うので、「冗談じゃない。僕はそんな罰則を作れなんて言わん。むしろ、こんな公害がすでに出ているのが問題で、多くの人間の生命、身体に危険があるような状態を発生させないようにすることが大切なのだ。そのためには、公害を出させないように、行政的な取り締まり規則でいくべきで、それが効かんならば事業を差し止めるというような行政的な管理、場合によっては刑罰による制裁が必要なので、それをほったらかしにしておいて、公害が出てしまった後で、それを罰したってしょうがない。そういうことを僕は言ったことはない。」というようなことを、特別部会の本会議で議論したことがありましたね。

《準備草案の位置づけ》

― 今回の刑法改正作業は、準備草案をもとに進められ、その準備草案自体が仮案に繋がっているという批判がありますが、戦前からの連続的な刑法改正作業という感じが強かったんでしょうか。

● そうでしょうね。しかしそれは、ドイツだってそうだったですしね。戦前の仮案も戦前としての制約はあるけれども、特にドイツのワイマール憲法時代の刑法改正など世界的な動きをバックにして作られたわけですから、一応、評価できるものはあったわけです。もちろん、戦時中の日本のいろんな影響があって昭和一五年の仮案、特にその各論になると、もうその影響がでてきています。小野さん達としては、一生懸命それを洗い落としふるい落としたつもりでおられたわけでしょうが、批評する側からみると、まだ洗い落としが足りないということですね。小野先生だけではなくて、準備草案作成の「準備会」のメンバー、団藤重光さんにしても他の先生達にしても、みんな一生懸命やったつもりでいたんですよ。

― 新憲法から出発するという発想が弱かったのではないかとも批判されていますが。

● それはあったでしょうね。憲法が代わったから、どうこうというのではなくて、むしろ戦時色を洗い落とせば、もとの民主的な刑法になるということで、あまり憲法という意思はなかったかも知れませんね。そう言われたら、一言もないようなことですね。

しかし、準備会に関係した若い人達にも全然責任がないとはいえないかもしれませんね。

― ただ、準備草案は、小野私案という色彩が非常に強く、若手は単に、小野先生の作業に協力するということで、必ずしも自分の意見を出して作るという感じではなかったと言われていますが。

● それはそうかも知れません。しかし、脱退もしていませんしね。刑事法特別部会の時に辞めた人達も、先ほどお話ししたように反対だと言って辞めたわけではないんですよ。角の立たないように抜けていったと思います。

── 特別部会におけるこの点の議論はいかがでしたか。

● 平野君は、初めから準備草案をそのまま引き写しにしてはいけない、もういっぺんやり直さなければいけないということを言っていましたよ。私は、最初の会には行かなかったんですが、二回目、三回目からは出席してみると、すっと準備草案でいきそうな雰囲気だったから、「それでは具合が悪いじゃないか、もういっぺん準備草案を離れて、そもそも現行刑法のどこが悪いのか、どこをどういうように改める必要があるのかということを討論し、それを何回かやって特別部会としての刑法改正問題の土台というものを作ろうじゃないか、お仕着せでは具合が悪いんじゃないか」と言いました。平野さんも、そういう趣旨のことを言ったと思います。

どこを改正する必要があるか、全体を改正しなければならないか、部分的に改正すればよいのか、文語体を口語体に変えるということもあるし、いろんなことがあるんだから、それをまずやろうじゃないかと言ったんですが、小野さんが大変に反対をして、結局、うやむやになったんですかね。

《刑事法特別部会の委員構成》

―　とにかく、個別的に検討した上で、最後にやりましょうということになったわけですね。しかし、最後ということになると仕事も終わってますからね。全面改正の必要がないという結論はもう出せないという感じになるように思いますが…

●　そうですね。ただ、最初に言質をとってありましたから、最後の総会で、私は二日がかりで反対論を述べました。「このままじゃ具合が悪い。私はこれを返上する」という意見を、一日では終わらずに、二回やりました。十何項目か挙げて、みんな具合が悪いとね。私一人でした。その時、一、二の委員が疑問点を指摘したり批判的見解を述べたりして何か私に賛成するようなことも言われ、幹事諸君は大体批判的なようでしたので（このときは幹事にも発言が許されたのです）、これは、と思っていたんですが、結局結論になったら皆草案に全面賛成でした（幹事には投票権はありませんでした）。

―　法制審議会、刑事法特別部会では、委員の構成自体が、草案が通る構成になっていたと言われていますが…。

●　そのとおりです。しかし、そうすると私のような者を何故入れたのかということが非常に不思議です。先ほども言いましたように、多分、小野さんとの関係だと思います。小野さんと私とは大体似たような考え方できているし、だから、小野さんの身内みたいに、小野さんも思っておったんでしょうね。たしか特別部会が終わる一年ほど前に、「学兄と私がどうして刑法改正についてはこれほど違った立場になるんでしょうね。大変悲しい」という年賀状を頂いたことがあります。後で「それは先生が筋を立てないからで、妙な妥協をなされるからいかんのだ」と言ったんですよ。

何かの懇親会のとき、小野さんが奥さんを連れてきておられてね。奥さんに「これが佐伯千仭《せんじん》君なんだよ」と紹介してくれました。お宅でも大分問題になっていたんでしょうね。しかし決して個人的な感情の行き違いということは、私等にはなかったですね。あの方は癇癪持ちかもしれんけど、公私混同するような人ではなかったですからね。やっぱり立派な人格者だったと思います。喧嘩はみんなが見ておるところでガシャガシャやるだけでね。終わったら終いです。先生は終いではなくて、あの野郎と思っておったかもしれませんが…。少なくともそれを行動に出したことはなかったですね。

しかし、平野君には大変厳しかったようですね。やっぱり、子弟関係のせいでしょうかね。平野君達は、何かこうふわふわと消えていくんですよね。どうやら、抵抗勢力みたいに思えた人達が一人消え、二人消えという具合でした。ただ、彼らと私が、スクラムを組んでという感じではなかったと思います。私は、いつでも孤立無援の戦いしかしていませんのでね。誰かと組むということは、その人にも迷惑だろうし、私と組んでたと言ったら、また、睨まれるだろうしね…。

《法制審議会本会議》

― 法制審議会の本会議では、日弁連の代表として出席されたわけですね。

●そうです。本会議は、昭和四七年の四月か五月頃から始まりましたが、東京から米田為次、岩間幸平、浅沼澄次のお三方、大阪から私という四人が弁護士会からの委員でした。たった一人だったのが四人になって、非常に力強く感じました。我々四人はお互いに連絡をとり、日弁連の「刑法改正に関する特別部会」がバックアップしてくれました。我々が、法制審議会に出した「共同修正案」の原案を作ってくれたのが、この日弁連特別部会で、この修正案の審議のために、法制審議会の第六二回から第七六回までの会議が行われました。もしこの修正案がなければ、六二回か六三回で終わっていたと思います。

―本会議では部会草案にあった「宣告猶予」が削除されましたが、その経過はいかがですか。

●我々の修正案の中でそれだけが通ったことになりますが、それは、検察側の委員が同じようなことを言い出して、いわば呉越同舟で一緒になったために通ってしまったわけです。

それはそれでいいんですが、実は、部会草案では、宣告猶予を入れたために、執行猶予の方は、懲役、禁錮、罰金についてだけ認めることにし、拘留、科料は除外されていたのです。私は、法制審議会の最後の意見表明の時に、拘留、科料にも執行猶予を認めないと、懲役、禁錮は執行猶予になるのに、拘留は必ず実刑という馬鹿なことになるということも言ったのですが、うやむやのうちにそのままになりましたね。

―宣告猶予の点を除いては、部会草案どおりになったわけですね。

●しかし、特別部会では一対二七だったのに、今度は反対が我々四人の他にもう一票増えて五になり、五対一五になったのですから大発展ともいえます。この審議を通して、我々の言っておることは決してそんなに筋の立たないことではなく、本当に真面目に考えてくれるならば、我々のいうことは、国民に理解してもらえるという信念をその時非常に深くしました。

確かに我々は昭和四九年五月二九日の段階では五対一五で敗退したわけですが、その後の経過は、必ずしも敗退ではなかったようです。草案が通った直後には、法務省も大変強気で、『刑法改正をどう考えるか——法制審議会の改正刑法草案とこれに対する批判をめぐって——』というパンフレットを出して、我々の反対論を大変高飛車に批判していましたが、二年後の五一年六月になると、『刑法全面改正についての検討結果とその解説』という全然別のパンフレットを出してきて、自分たちが我々の反対を押し切って通させた草案の重要部分を削ってもよいとか、刑を軽くしてもいいと言いだしてきたからです。これらは、我々の共同修正案がそうでなければならないと主張したのを多数で破った点なのです。先ほど言った宣告猶予の削除に伴う手当もこの代案の段階でなされています。

我々は、最後の法制審議会で、「ここでは我々は少数だろうが、しかし世の中に出たらどちらが少数か多数か分らない」と捨て台詞じみたことを述べて負けてきたのですが、実際にそのとおりになったわけです。これを見て私は、あらためて我々は決して世の中から孤立していたのではなく、我々を葬り去った法制審議会の多数意見の方が世間から孤立しておったのだという感を深くしました。

《刑法読書会の翻訳作業》

― 前にも少し伺いましたが、特別部会の委員をしておられるのと並行して、ドイツの刑法改正作業に関する資料・文献の翻訳・紹介の編集をしておられますが、あれは、刑法読書会の仕事としてされたわけですね。

● そうですね。最初は、マテリァリエンの紹介・翻訳ですが、ちょうど何もかも一緒になったんですね。あれは、刑法改正作業と直接関係するわけではなかったのですが、日本の刑法改正にあたって参考にする必要があるだろうということと、みんなドイツ語をもう少し勉強しようということでした。私は、関西の若手の刑法家がもう少し、ドイツ語をよく読めるようにしたいと思ったんですよ。しかし、既に先輩が読んでしまった既存の本を読んだのでは興味がわかない。マテリァリエンは、私が偶然手に入れたんですが、これだと今まで誰も知らないのを自分が初めて知るということになるんですから、気概が違いますよね。みんなで手分けしてやったんですよ。

― 読書会の最初の仕事ですね。

● まあ初めは怪しい報告が多くて、これを活字にするには、もう大変でしたよ。無理もないですね、いきなりですからね。しかし、とにかくそれを「立命館法学」に紹介していたら、法務省が大変評価してくれたんですよ。それで、あれをくれといっていたんですが、そのうち、全部翻訳してくれんかということになってきたんです。それで、これは勉強になると思ったし、金も多少でるということで引き受けたんです。あれでみんな随分ドイツ語が上手になったと思いますよ。翻訳というのは力が入りますからね。

――「立命館法学」に紹介していたものが一冊になって昭和三七年の『ドイツにおける刑法改正論――刑法学者の意見集――』として有斐閣から出されたわけですが、その後、さらに、昭和四七年には『新しい刑法典のためのプログラム――西ドイツ対案起草者の意見――』が有信堂から出版されています。これも読書会の仕事ですね。

● そうです。これは翻訳ですが、やはりたしか龍谷法学（昭和四四年四月号）に要約の紹介をしてからまとめたものでしたね。そういうドイツの対案グループの人達の考え方をいち早く理解して日本に紹介したというのは、やはり読書会の一つの見識ですよ。日本の学者さん達はそういうところまではまだ行っていなかったですからね。読書会が「天馬空を行く」ごとく走っているように見えたのは、その頃ではないですかね。特にマテリァリエンの翻訳当時、日本の学界は、そこまでようやらなかったんですよ。マテリァリエンの翻訳をみて、肌色の変った面白い奴等が出てきたという感じだったでしょうね。

―― その後、平場先生、平野先生は『刑法研究会』を作られて日本の「対案グループ」という位置づけになってきますが、全体として、ドイツの刑法改正作業をみながら日本の刑法改正作業を進めていくような感じはありましたか。

● 準備会の当時どの程度そのようにしていたかははっきりしませんが、おそらくそうしていたでしょうね。しかし、まだその頃は、ドイツには対案グループはおりませんね。その後はもう、刑事法特別部会になりますしね。ドイツの状況を見てはいましたが、やはり読書会というのは、その点では目先がきいていたかも知れません。しかも読書会は、それで少しですが金儲けもしたので、その頃、財政的にも豊かだったですね。

《島田武雄先生》

― 先生の刑法改正についてのご意見は、『刑法改正の総括的批判』にまとめられているわけですが、それ以外にもいろいろな機会に発言しておられますね。

● 刑法改正の内輪話のようなことをいっぺん日弁連で話したことがあります。これまであまり言わなかったことも言ってあります（「講演記録『法制審の想い出』」日弁連『刑法改正問題の十三年』四八頁以下）。

そこでも言ったことですが、既に昭和三五年九月一二日に、日弁連で刑法研究委員会が作られていたのですが、その第一回の会合で、私が「準備草案」全体についてネガティブな意見を述べたんですよ。その時、東京裁判の弁護人をやったこともある或る老弁護士が「佐伯さん、そんなのは書生論ですよ。政府が変えると決めた以上、我々が何を言ったって駄目です。弁護士会がそんな書生論みたいなことを言うものじゃない」と言われた。ところが、委員長の島田武雄さんが「○○君、何を言うんだ、政府がどうであろうと弁護士会は別である。国民の立場から、良いものは良い、悪いものは悪いと明言すべきだ。政府がどう決めようと、それに盲従すべきではない。我々は弁護士の立場からいかんと考えるものには断固反対すべきである。そういう卑屈なことを言ってはいかん」と面罵されたことがありました。それで、日弁連の委員会は毅然とした態度でいくというその後の方向が決まったといっていいと思います。

― 島田先生というと、戦前に先生が書評を書かれた（法律時報四巻一〇号［昭七］、六巻五号［昭九］）刑法の島田先生ですか。

● そうです。戦前から弁護士をされると同時に日本大学の刑法の教授をしておられました。ドイツに留学されて刑法の基礎理論を学ばれ、法哲学も講義されていたようです。戦前、ドイツの文献を使った論文を頂いたので、お礼の手紙で気づいたことを書きましたところ、非常に丁重なお返事をいただいたこともありました。

その島田委員長の話をした時の日弁連の刑法改正「阻止」実行委員会の委員長が、島田徳郎さんで、島田先生の御子息だったんですよ。私が話した後の挨拶で、「特に私の亡き父のエピソードまでとりいれてお話ししていただいた」と喜んでくれました。

《保安処分問題》

― ところで、改正刑法草案で、最も問題になった「保安処分」についてはいかがでしょうか。

● 私は、保安処分に対してはもともと反対ではありませんでした。大阪弁護士会の意見書を書いたときも、精神障害者や中毒者に対して医学的に完璧な処遇がなされるのであれば、必ずしも反対するにはあたらないと考えていました。

現在の草案九八条の規定は、「治療及び看護を加えなければ将来再び禁固以上の刑にあたる行為をするおそれがあり、保安上必要があると認められるときは」となっていますが、元々の草案には「将来再び禁固以上の刑にあたる行為をするおそれがあり、保安上必要があると認められるときは」とあるだけでした。特別部会も大分後になってからでしたが、私は、保安処分が提案者のいうように、真にそれを科せられる人の保護利益のための制度であるというのであれば、「保安上必要があるときは」というだけではおかしいので「治療及び看護を加えなければ」という文言を入れるべきだと指摘したのです。これに団藤さんが賛成してくれて、修正案は二人で出したんでしたかね。もう一人精神病学の先生も「私等はそれに気がつかなかった。その通りにしてください。」ということになって修正案が通り、現在の条文になりました。このように私は、草案の保安処分の条文の成立にも協力してきたのですから、それについての責任もあるわけです。

――その後、反対論に変わられたわけですね。

●私が保安処分に必ずしも反対する必要がないと考えていたのは、それまでの精神病学者の意見が、有効な処分が実現可能だとしていると考えていたからでした。精神神経学会の「刑法全面改正を考える委員会」（中田修委員長）も、保安処分には大賛成でしたからね。それが、昭和四六年、私が、先の「治療及び看護を加えなければ」の文言を条文に加えることを主張していた時分になると、逆転して、はっきりと「決議」の形で保安処分反対という意見になっていたのです。

私にとって特にショックだったのは、保安処分の土台である「将来行動の確実な予測の可能性」が否定されたことでした。さらに、精神障害者に対する治療方法の大勢も、保安処分が予定しているような閉鎖治療ではなく、開放治療に向かっていると主張されたのです。私も、そこまで言われると愕然とせざるをえませんでした。私が保安処分に対する賛成の前提としていたものが、全部崩れてしまったわけです。

刑事法特別部会の最後に、私は、保安処分についても、従来、自分は問題がないように思ってきたけれども、精神病学の専門家から、精神障害者の行動の将来の予測はできないといわれる状況では困るんじゃないか、やはり、それは大丈夫だということでなければいけないので、そのためにはそれらの専門家の意見を聞く必要があるのではないか、と言ったのですが、もちろん、最後の段階のことで、しかも、そういうのは私一人ですから黙殺されてしまったのです。

そういうことで、私は、もともと刑法家として保安処分に反対とは思っていなかったのだが、特別部会での審議の過程において、精神障害者の治療に当たってもらわねばならない精神科医師団の致命的な無力の告白に出会って、自分自身も引かざるを得なくなったのだということを、告白しておきたいと思います。私は初めから保安処分に反対していたと言っているように誤解されるといけませんので、決してそうではなく説を改めたものであることを、はっきり、自分の責任と共に明らかにしておきたいと思います。

《総括》

――結局、現在の状況では改正刑法草案による刑法の全面改正は流産に終ったという感じが強く、法務省の方も少しずつ部分改正を進めるという意向のようですが、他方、現行刑法は明治四〇年のもので和漢混淆文のような表現になっています。口語化が是非とも必要だと思いますが、いかがでしょうか。

●どこかでそうしなければならないのでしょうがね。それをするとついでに中身も変えようということになりますからね。問題は、それだけをやるか、中身をやるかですね。

――明治四〇年から現在まで、結局、部分改正はありましたが、全面改正ができなかったわけですが、ドイツは総則の全面改正を行いました。この点は、どのように考えたら良いのでしょうか。

●ドイツの総則の全面改正、あれでいいかどうかは問題ですね。却ってドイツ刑法は、改正したために混乱するんではないですか。ドイツも部分改正でいった方が良かったかもしれませんね。私の印象では、ドイツの新刑法典は余りに教科書的になってしまった感じですね。教科書というのは、時代とともに流れていくでしょう。ドイツ刑法学は、特に最近は流動性は激しいですからね。どうなのかな、と思いますね。

――日本で全面改正がうまくいかなかった原因というのはどういうところにあったのでしょうか。

●要するに、反対が強かったということですね。とくに保安処分ですね。ドイツ人に言わせると保安処分に反対とはいったい何を考えているのかということになるでしょうが、考えてみるとこれも日本的特色かも知れませんね。脳死と同じですよ。しかし、これを日本でやると、とんでもないことになりますからね。日本ではたとえば、軽犯罪法のビラ貼りでさえ、政治弾圧に使われるんです。条文だけ見るとそんなことは考えられないですがね。普通には使わないで政治弾圧だけに使われますからね。

それに、私は、草案の刑罰があまりに重すぎると思いますよ。現在の刑法は明治四〇年にできたんですが、ともかく非常に柔軟性があるんですね。時代とともに流れていけるような抽象的なもので、しかもそれほど権力的ではないでしょう。日本は、あの頃はまだリベラルなところがあって、平沼騏一郎でさえまだ人権を考えた時代にできていますからね。その後の戦時中の草案や立法などとは全然違って、包括的で割合柔軟な内容のものだと思います。準備草案にしても細かすぎますね。そういうことでは動きがつかんでしょう。あまり細かいところまで条文化すると、にっちもさっちもいかないようになりますね。だいたい罰則が多すぎるんですね。

― 現行法でもとくに行政刑罰法規の分野では、罰則の氾濫という感じがいたしますが…。

● 刑罰法規は少ない方がいいですね。過料とか損害賠償とか原状回復などでやったら済むことに、いちいち罰則を加えるものですからね。屋外広告物とか、ビラ貼りとかは、本当は罰則ではなくて、除去を命ずるということが土台なんでしょうがね。罰則をつけなければならんかどうかということは非常に問題です。たしかに刑罰法規が多すぎます。六法全書もだんだん大きくなって誰も持ち歩きできないようになってしまったでしょう。刑罰も、とにかく軒並みに重くなってきましたね。

改正刑法草案に私等が一番反対した原因も、そこにあります。たとえば、煙草屋のおばさんが贋金を掴まされたのを次のお客にお釣りで渡した場合、今までは、名価三倍以下の罰金でしょう。それを草案では懲役に入れると言うんだからね。明治四〇年という皆さんからすると軍国主義的で保守的だった時代にできた刑法でさえ名価三倍以下の罰金で済ませているものを、何故に今日の民主的日本においては懲役に入れなければならないのか、どこにその理由があるのかと言って私は迫ったんです。皆、黙っていて誰も反論しないのですが、投票してみると反対は私一人だからね。しかし、後で日比谷の公会堂等で講演をしてそういう話をすると、聴衆は私と同じような気持ちでわきましたよ。「ふざけるな」といってね。

——改正刑法草案は、国民に受け入れられなかったということですね。

●そういうことですね。法務省の強引さというのは本当に世の中を見ていなかったということになるんではないでしょうか。これはやはり見当違いですよ。弁護士を長年やった私の勘の方が、多数意見の皆さんより世の中には合っていたということですね。

XII　印象に残る事件など

《弁護士修行》

―それでは戦後、弁護士として扱われた事件について、裁判所の移り変わりを含めて、お伺いしたいと思います。先生は、戦前は実務を扱ってはおられませんね。

●戦前はありません。

―戦後二二年（一九四七年）に弁護士登録されて、最近、弁護士の勤続四〇年の表彰を受けられたということですが、そうすると戦前は研究者一本でやってこられて、戦後は、実務をやりながら、同時に研究者の道を進まれたということですね。まず、弁護士をされるにあたっての心境というのはいかがでしたか。

●これはもう叩き出されたからね。弁護士をする他ないんで、幸いにして、弁護士ができるし、私は実は、初めから弁護士になるつもりでしたからね。大学に残ったのは偶然の成り行きなんで、学生の時から弁護士になろうと思っていた。これはもう、私としては本来の希望ですから。

― しかし、未知の世界ではあったんですね。

● もう四〇才に足を入れてましたからね。それから、いろはからやらなきゃならんから、これは大変だった。私は徒弟修業から始めるつもりでやったんですよ。だから、面会や保釈金の払い方や書類の作成から全部自分でやることです。そうでないと、いつまでも覚えんのですよ。そのときは保釈金をどこに収めるとかは、よく知ってましたよ。近頃、全然したことないけどね。弁護士になっても教授だったんだからそういう細かいことはやらんなどと、そんな考えでいたらいつまでたっても一人前になりませんよ。

― 一般に学者から実務家になられた方というのはどうですか。

● そういう細かいことをしないのですね。やはりお高くとまるんですね。大先生というんで、大先生ではなくて、本当はなんにも知らんのですからね。修習しとらんのだし。やっぱり修習するつもりでいっぺんいろいろ経験してみなければいけませんね。

《毛利先生など》

― 当時の先生の弁護士修行の先生というのはどなたですか。

● 毛利与一さん、けれども、毛利さんとは最初から同じ事件をするということはあまりなかったですね。すでに争いになってから法廷で一緒にやるということが多いのでね。先生というのはいませんね。

――一緒にやっておられて一番近い関係にあったという方は、毛利先生の他には…。

● 三木今二さん。それから納富義光さん。納富さんというのは、京都の長老弁護士ですがね。商法の大先生だけれども、私と高等学校が一緒でね、刑事事件等も戦時中からやっておった。

《海底電纜事件》

● ちょうどその頃は戦後でね、いろんな敗戦に基づく刑事事件が多かったんですよ。私は、弁護士になってから、京都で海底電纜事件というのをやった。舞鶴の海軍がね、敗戦になったら、海底電線があるでしょう。あれは武器だから、破壊せなきゃならんと、それで切断してね、そのまま海底に放棄しておったんですよ。これは真鍮か何かで巻いてあってね、それがいいんですよ。だからもったいないというんで、それを市会議員と京都の弁護士の京大の先輩で、前田亀千代という豪傑がいましたが、それらが組んで、引き上げて、売って金にしたという事件があった。

窃盗罪で起訴された。前田亀千代さんもね、この方先頃まで前田信二郎という刑法の先生がいたでしょう。あの前田君の父親ですよ。私は大変に親しかったし、「佐伯君、何とかしてくれ」と言われたので、それでその弁護をして、結局無罪になりました。これは敗戦直後のもう放棄されていたものだ、ということで無罪になったんですけれどね。大分長いことかかった。飯野造船の支社長など大分たくさん引っかかりましてね。その方は三木さんが担当され、弁論で一緒にやったかな。国が所有物を放棄したものだということで無罪になりました。

《増産協会事件》

● それから、増産協会事件というのがありました。これは、納富君が顧問をしておる鉄工所の社長らが、戦後京都の副知事や東大出の内務部長に頼まれて、増産協会というのを作って、そこで横流ししたということで、やっぱり起訴された。これは納富さんが徹底的に調べて、これも何か、軍需物資の関係でしたね。軍の解体のとき、軍需物資を放出するでしょう。放棄処分みたいなことで、これは、終戦業務を管理した海軍省の軍人や陸軍省の軍人が証人になってきて、結局、それは国の物ではないというようなことで、無罪になったんですよ。そういうことでいろんなことをひっかきまわしてやらなければならなかったのですね。割合、その頃は何でもやったんですよ。

《無罪事件》

― 事件自体は、どういう形でくるのですか。依頼が弁護士仲間からくるということですか。

● そうですね。弁護士登録したというんで、やれやれということですね。やると、割合、あいつとやると無罪になるということでね。三木さんなんて、もう引退したけれども、最後まで「あんたと二人でやるとほとんど無罪だったな」と喜んでくれたんですけれどね。納富さんとやったのもみんな無罪でしたからね。無罪が多いんですよ、私は。

―普通の弁護士ですと、何十年かやっておられても一件か二件かで、本当に少ないですからね。全体の数としても無罪は数えるほどですからね。何件くらいですか。

●松川事件とか、みんなと一緒にやったのは除いて、私だけでやった無罪事件は、何件くらいかな…六〇件くらいか…もっとあるかもしれない。大体、集めてあるんですよ。

井戸田先生と一緒にやったのも、大分ありますからね。彼とやったのも無罪が多いんですよ。八幡かどこかで一緒にやったのがあって、無罪になったでしょう。藤井菊松さんか、まだ、京阪沿線の八幡に遊郭のあった時代で、暴行か、公務執行妨害かの事件でしたね。たしかあれが、井戸田先生の最初の事件でしょう。

他の弁護士から一緒にやってくれと云うてくる事件が多いですね。そういう争いのある事件で加勢してくれというようなことだから、自然、無罪も多くなるんでしょうかね。うちの事件は、頭を下げるような事件はほとんどないので、情状弁護なんて、ここではしたことがほとんどないと思います。そんなのは来ませんのでね。

―国選のほうはどうでしたか。

●修習生の方がおるときは、早く片付きますから、必ずやっておったですがね。

《松川事件・刑訴三二四条》

—— 印象に残っておられる事件について幾つか伺いたいと思います。大きな事件ではたとえば、松川事件は、先生はどのような形で関与されたのですか。

● 松川事件は、私は初めは関係しなかった。ところが、上告になってから、広津和郎さんが、ひょこっといらしてね。「話がある」というんですよ。何ですかと言ったら、「あんた、控訴審判決を読みましたか」というので一応読みましたというとね、三二四条の関係で、佐藤は絶対に福島に行って共同謀議をしたことはないと否認しておるのに、相棒の太田の「佐藤が福島に行って相談してきたと言った」という検事調書がある。そうすると、これは、三二四条で、被告人の供述を内容とする被告人以外の者の供述については、三二一条と同じような扱いになるんでしょう。採用されたらね。これは、おかしいではないかと。高裁は、いっぺん三二一条で採用すると、公判廷の供述になる、公判廷で言ったのと同じことになるんだというので、太田は公判廷で言っていないけれども公判廷で佐藤から共同謀議をしたと聞いたと供述したことになる、そうすると公判廷における被告人以外のものの供述で被告人の供述をその内容とするものにあたることになり、結局、三二二条で佐藤が自白したと同じようなことになってくるという、そういう構成なんですね。

「弁護人の上告趣意が非常に良くできておる。しかし、ここのところだけがどうも私が読んで迫力がない。これでは破れん。ここのところを弁護団の上告をもうひとつ補強をする必要がある」というんですよ。広津さんもその点は随分詳しく書いておられます。「いろいろ考えたけれども、この点、あんた法廷に出て、補強論をしてくれ」と言ってね、来られたんですよ。手土産持ってね。先生にそう言われたら、何とか努力しなきゃなりませんなということで、それで弁護団に加わることになるんです。だから上告の弁論はその点を弁論しましたかな。その弁論要旨が、『刑事裁判と人権』に載っています。後でその問題を学界で、もう少し燃え上がらせにゃいかんというんで、光藤さんに催促して、光藤さんが同じ議題をとりあげましたけれどね。まだ彼のテーマになっているでしょうね。これは、しかし、今も広津さんの見識だし、確かにあの条文はおかしいと思いますね。そんなことなら、何でもできることになるんですよね。

—伝聞の書面だけで有罪にできるような仕組みになっていますね。

●そういう解釈がおかしいですよね。三二四条は三二二条の準用を規定していますが、三二二条は本人が書いたものか、本人の署名、押印のあるものでなきゃいけないんですね。ところが、公判廷で佐藤が俺はそんなこと云うてないと言っているのに、誰かが佐藤がそういうたと言ったら、本人の否認はもう問題にならんというのですね。これは、準用できないんだろうと思いますね。いかにも、俺は、そういったというのなら準用できるけれども、そういうことはいうておらんと言ったら、もう準用はできないはずだと、なにかそういうことを考えたと思います。大変なことなんですよね。

—光藤先生は、その場合は準用できないとまでは言われない。

●光藤先生は、まだ、ちょっと気が弱い。これはね、やはり死刑になる人間を何とかして絶対に死刑にならせてはいけないという刑事弁護士と刑事訴訟法学者との違いかな。光藤さんの気の優しいところかも知れませんね。

—三二四条に、その点についての規定がないのですね。

●だから三二二条によるというのならば、やっぱり三二二条は本人が書いたか、署名押印のあるものとしているのだから、被告人が同意していないといけないということだと思いますわ。どうしてそれを外すのですかね。それは全く理由がない。絶対に妥協できません。そういう生の問題にぶつかるとね、一歩も引いてはならんということは、刑事訴訟法ではでてきますよ。天地崩るとも、これはもう自分が引いたら、何もかも崩れるという問題がよくありますね。証拠開示もそうです。

《あやめが池事件》

—それ以外にたとえば、あやめが池の殺人事件では期待可能性が問題になったのではありませんか。それも、先生の学問と関連があるように思いますが。

●しかし、あの事件では、私は期待可能性をさすがに主張しなかった。あやめが池事件の被告人というのは、戦後、京大の法学部を出た秀才で、戦場から帰ってきた非常に優れた将校だったらしい。それと弟が外大を出て二人で老いた両親や弟らを養って、やってたんです。会社の総務部長か何か、若いけれど優秀だった。この下の方の弟が一人出来損ないで、覚醒剤か何かの中毒みたいで、もう治らんのですわ。親父さんが着ておる布団まで持って行って、売ってしまうというようなことで、兄貴が会社から戻って、ポケットに入れておる月給がそのままなくなったり、家族はとにかく、そのうち隣近所にまで迷惑を掛けるだろうというので、あちこち転々と家を移っているんです。しかし、移ってもどうもしょうがないし、そのうち余りひどいので、言ってきかせても分からんし、大学の友人なんかも、検察庁やいろんなところにおるでしょう。そこに頼みに行くけれども、家の物を持ち出す程度では、どうしょうもないということで、誰も的確に身柄を預かるというようなことをしてくれないんですね。だから、切羽詰まって、これは我々兄弟が始末する他はないということで、戦場帰りだからね、食事をしようと言ってあやめが池に連れ出して、絞め殺したんです。助けてくれと言うので、そのときは何だと思ったけれども、堪忍せいと云ってね。

どうして私が弁護したんかな。杉村さんが持ってきたんかな。とにかく、奈良の少年刑務所に面会に行ったら抱きついてきてね、先生いつもどうもすみませんと言ってね。その弁護をして、その公判の途中で、兄貴は余り言わんけれども、弟がね、なぜ、そういうことをしたか、もっと他の方法があったんじゃないかと、検事が聞いたのに対して、今のようなことを言って、「いろいろやってみたけれどもどうも方法がない、世間に迷惑かけんためには我々がこうする他なかった。何か他にあるのならば教えて下さい、どうすれば私はよかったのですか」と絶叫しよった。裁判官も警察官もまいりましたですね。

それを吉村という朝日新聞の天声人語の執筆者が、たまたま傍聴していて、それを天声人語に書いたんですよ。傍聴していたら、被告が、こういうように絶叫したと、私はどうすればよかったたんですかと、言われてみると、私らもどうすればよいかとアドバイスする方法がないので困るということを書いたんです。それを弁護に使ったんです。日本の知性を代表するように思われている天声人語の記者すらも、被告の立場に立ったらどうしていいか分からないということが期待可能性がないというのではないかと言ってね。ただし無罪の主張はしませんでした。

私は殺すということにまで、期待可能性を主張する勇気は、いつでもないのですよ。やっぱり殺すという時は、人間は立ち止まらなければいかんので、これは、今の私が思うので、自分はその場におらんから言うんで、いい加減なことを言うといわれるかもしれんがね。まあそれで私は、その期待可能性というのは、殺人等の場合は、めったにというか一ぺんも使ったことはないんです。減軽事情くらいでね。結局、その事件でも刑は、大分、軽くなったけれどもね、実刑だったでしょう。本人にも、これはもう弟さんを殺したんだから無理はなかったにしても、君は、ここで罪を償わんと一生かえって罪を背負っていかなきゃならんことになるから、自分の罪の償いと思うて受けなさいと言ってね。執行猶予でもよかったかもしれないですがね。

《一家心中事件》

―他に特に印象に残る事件としては、どんなものがありますか。

● 神戸銀行の支店長代理の事件で一家心中の事件がありますね。神田孝君というこれも秀才なのよ。支店長代理だから非常に秀才なんだけれども、一寸ノイローゼみたいになってくるんですね。

記憶が薄れてきたという。これは、お客の電話を思いださんという何でもないことだけれども、それがそういうようになってくると、鬱病になってくるんですよ。極度に絶望的になってきて、そうなってくると、物事がもう、パノラマのように頭に出てくるらしいね。自分が野垂れ死にし、妻子も路頭に迷い、子供が路頭に迷っている哀れな姿というのが現実のようになってきて、彼を苛むんですね。まだ、今、幸せのうちに、いっそ皆で天国にいこうと、ちゃんと準備して、御馳走してみんなを喜ばせて、寝せてそれからみんな絞め殺した。年寄りのお母さんだけは外へ出した。最後は自分も火をつけて死のうとしたが、死に損ねるんです。

これはもう弁解せんのですよ。よく覚えているんです。計画的に、もう自分がだめになったから、一緒に連れて行こうとしたんだと言ってね。私が聞いたら、「もう先生弁護はいらん、早く私は死刑になって、みんなのおるところへ行きたいから、もう弁護等しないで下さい」と、そういうことを言うんだけれどね。「そういう訳にはいかん」病気かもしれんといってね。初めは、お医者さんも、相弁護人も、これは横田さんがやってくれたんかな。「お前こんなに明晰に全部自分の行動を瑣末に至るまで覚えて、弁解なしにやったと言っているので、どこにも意識の混濁がないじゃないか、こんなのは精神病じゃないよ」というけれど、そんなところがおかしいんだと、お前だって、俺だって考えてみろと自分の行動について、自己弁護のない人間なんておるかといって、俺もお前も何かいうと自己弁護ばかりしておるんで、彼は一切自己弁護をせんのがおかしいと思うんだ、普通の人間ではないと言って、それで鑑定したらね、重度の欝病です。鬱状態でね。鬱状態の人は一家心中しやすいんだってね。愛情が広がって自他の区別がつかなくなるんですね。結局、それで無罪になった。

これは、五人位鑑定をやったんですね。検事が控訴した。京大の村上教授が鑑定して、私に、「この人は、また自殺しますよ。よく皆で介抱してあげてください」と言うので、友達に頼んで田舎に連れて行って、鶏かなにかの世話をしておって、それでもやっぱり自殺しました。それで法廷で検察官に、「あんた達が、いらん控訴をしたから、本人もとうとう死に追いやったんだ」と言うとね、「まいった」といっておったがね。まあ、そういうことが、有る無しにかかわらず自殺しておったんだろうけれどもね。

— いまだと、抗うつ剤などの薬物療法が随分、進んでますけどね。先生が精神鑑定が問題になる事件を扱われたのは、その事件あたりからですか、もっと以前からですか。

• その事件位ですかね。

— その後の京大生の強姦事件でも、精神鑑定が問題になりましたね。

• あれも五人鑑定人がいて、皆答えが違いますからね。

《無理心中事件》

• それからもう一つ、お母さんが、身障の長男と次男を殺して、自分も死のうとした事件がありますね。

―雑誌のアーティクルに紹介しておられた心中事件ですね。

●そうです。お母さんだけが生き残った。生き残ってからまた、半死半生の子供達の首を締めて殺すのよ。そして、自分が気を失って息を吹き返して慌てる。自分が死んでなかったんでね。早よ死なな、ならんと、おろおろしてね。これも中宮病院の若い先生が鑑定して、大変いい鑑定でしたね。

―それは、期待可能性の関係で、やっぱり無罪というのは、よくないというような話でしたか。

●私は、そうですね。やっぱり人の命をとるということは、止まらなきゃならんと思うんですよ。

《安楽死》

―安楽死についてはどうですか。安楽死の場合は期待可能性なしで、無罪となる可能性はありますね。

●それはあると思いますよ。安楽死は、私は典型的な場合はね、期待可能性はないと思います。

―学説は殆んど違法阻却事由説ですね。

●おかしいですね。恐いですよ。まあ、治療という状況ならいいんだけれどもね、やっぱり、死期を早めるということになるとね、この人命とかいろんなことをあゝいう問題を扱う刑法家が余りしみじみと考えてないですね、人生の経験が浅いんですね。人間としての体験や悩みや何かを十分に経験しておらんから、気楽に割り切るんですね。
―どっちも有罪にする方も気楽、無罪にする方も気楽という……
●本当、一人一人の人間の本当に大変なことなんですからね。
―本当に今伺った事件もそれぞれその人の人生の重大な事件ですからね。
●だから、いい判決を貰ってやれば仕舞いという訳ではなくて、それから、その人は生きて行かなければならないんですよね。それを背負って、世間の眼を受けながらね。
―日本の刑事裁判で、裁判官、弁護士、検察官を含めてそういう点についての配慮は、先生の目から見るとかなり少ないということですか。
●少ないんではないですか。まだ検事の方が気にしておられるかもしれませんよ。あの男共はどうなったんだろうとね。裁判官は気楽ですね。事件の処理ということを、とにかく、最高裁からやられるから。私等弁護士は、事件が終わったら仕舞いではないんですね。その人がやっぱり生きていくんだから、それを背負いながらね。その事件の背負い方で、その人の生涯の生き方がいろいろ変わっていくんですからね。そこもやっぱり、その事件によってその人が意外なところでまた息詰まったりしないように、弁護士は心を何して一生お友達になってやらなければいかんと思いますね。
私のところには、事件が済んでからもいろんな手紙や年末なんかの年賀状をくれる人が非常に多いですよ。本当は弁護人を離れてからが危ないんですよ。のぼせ上らせてはいかんし、世間からいろんなことを言われるのをその人だけに背負わせてもいけないから、場合によっては、私が行って説明してあげるからいつでも来なさいというんです。あんたは決して説明することはないんだからとね。たまらんようになったら私を呼びに来なさいと。皆さんに説明してあげるとね。それで楽になるんですよ。

《被告人の納得》

― 刑事事件の裁判というのは、被告人自身が何か納得するというか、得心するというかそういう半分儀式のようなところがあるわけですね。

● それがある裁判は、非常にいい裁判だと思いますね。本人が納得したら……

― それは、弁護士だけではなくて、裁判官、検察官含めて全体として心すべきことでしょうね。

● そう思いますね。先ほど話した身障の子供を殺したお母さんの場合も執行猶予になりましたが、私は、無罪ではなくて執行猶予でなきゃならんと思いましたね。心神喪失ということになったらね、今度は、大体、「片輪者ばかりを産む片輪製造機だ」と身内から言われておったからね。それで、その人が無罪になるような精神障害者だということになったらね、もう、身内、親類はその人を奥さんとしておきませんよ。追い出してしまいますね。だからやっぱり本当は心神喪失と言いたいけれども執行猶予という程度にしておいて、治療すればよくなるのだからと、これは、やっぱり、みんなからいじめられたんで、そうなったんだから、というようなことをご本人にも言いましたね。そうすると、身内も責められんですね。あなた達が、病気にしたんだと言われるとね。

——本人だけでなくて、本人の廻りの環境まで顧慮しなければならないんですね。

●そこまで調整せんと、その方々は生きていけんですよ。子供を二人殺してその町でずっと生きて行くんですからね。これは本当に応援団が必要なんです。厄介なことをとにかく背負ってくれるおじいちゃんがおるというようなことで、その人達は、どこかでホッとするんではないですか。

XIII　生きている刑事訴訟法

《刑事訴訟法の諸問題》

── 刑事訴訟法の問題ですが、戦前には、刑事訴訟法の問題について書かれたものは少ないですね。一番最初に、教科書がありますが。

● あれはプリントですね。戦時中に戦時刑事特別法か何かで、裁判を迅速化するために、判決の証拠理由は標目を挙げればいいということになった。あれに対して、その標目の挙げ方を注文したんですね。あれはやっぱりいい着眼だったと思う。どの証拠のどの部分で、どの事実を認定したかということが分かるような証拠の挙げ方をしておかなければならないんだと、そうしないと控訴理由がとんでしまいますからね。

── 戦後は、刑事訴訟法の問題に関する論文が多いですね。やはり、実務との関係でしょうか。

● それはね、やっぱり、被告人の人権や権利の擁護に致命的な悪影響を及ぼしておる、裁判を歪めることになるという思いが非常に強い問題が多いんですよ。その時、私はいきり立つんです。そういう問題に出合うとね。そのままでは、無実の人間が有罪にされてしまって、救いようがないと、何とかそれを食止めるとか、歯止めをせねばならぬとね。

― 今まで、余り問題になっていない問題や新たに提起される問題が多いですからね。

● それは今まで、見逃されてきてね、しかし自分がその被告の弁護をしてみると、こんなことでいいのかということをしみじみ思うから。

《生きている刑事訴訟法》

― 生きている刑事訴訟法という言葉がありますね。その言葉は、おそらく、先生が作られた言葉だと思うのですが、その意味はどういうことですか。

● それは、たとえば刑事訴訟法の条文からいけば、公判は裁判長が尋問することになっていて、当事者が反対尋問とか主尋問をするとかいう構造になってませんわね。実際には、裁判長が尋問するということはありません。これは、こっちの方が生きとるんで、向こうの方が死んでますわね。だから現実の生きようとする刑事訴訟法ですね。

― 現実に妥協するという意味ではないですね。

● そうではありませんね。

―この前に少し伺ったんですが、戦後直ぐの新刑事訴訟法に対しては、かなり高い評価をされておられるようですが、……

●旧刑訴と比べてね。

―そこで予想された刑事裁判に現実にはなっていかなかったという、そういう経緯ですか。

●そういうことですね。特に証拠の供述調書等はね。こんなにフリーパスで九九パーセントまで裁判所が三二一条で採用しようとは夢にも思わなかった。公判中心になるだろうと思っていました。

そうするとやっぱり、主尋問・反対尋問で行かざるを得ない、だからあれもちょっと条文と実際とは違うことになるだろうと思っていました。これは、東京裁判やいろんなアメリカ流の裁判等も経験しておったしね、やっぱり、裁判はこうでなきゃいけないという思いがあったんですね。一番予想に外れたのは、書面裁判がなくなるだろうと思ったら、前よりか一段とひどくなった。警察調書まで平気で、自白調書を採用するでしょう。戦前はないんですからね。区裁判所の事件以外は、地方裁判所ではちゃんと法律によって、規定された形式の尋問調書でないといけなかったんですからね。

―たとえば、具体的なテーマでいいますと、証拠開示の問題ですね。あれもおそらく、先生が、問題提起する以前は、あまり、学界では問題にされなかった問題ですね。それが最高裁第二小法廷決定（昭和四四年）を契機として非常に問題になり、今は学界の大きなテーマの一つになっています。あるいは、四〇〇条の但し書きですが、あれも、学界ではあまり問題にならなかったんですけれどもね、それが、今では学界のテーマになっていますね。その他、三九条三項の接見指定もあまり、大きな問題ではなかったんですね。これらは皆、現実の裁判の中から生まれた問題意識でしょうね。

● そうですね。裁判所が接見指定は処分ではないと言うと、それでスーッといきそうだからね。こんなことでは、刑事被告人は、たまったもんじゃないと思うんですよね。弁護人も。そんな馬鹿なことはないというので殴り込みですわね。

《実務と学問》

― 実務と学問の関係ですが、先生は、どういうように考えておられますか、両方されてきたということで。

● 私はね、実務を真面目にやって、実務の筋を通そうとすれば、自ら学問と一つになるだろうと、さらに学問も、この実務にあまり妥協してはならんと、判例とかを実務に持ち出されると、すぐにやむを得んと妥協してもらっては困る。学者はそれらに疎いのでね。案外、妥協的で寛大なんだな。しかし、それはもう少し学者が実務を知ってもらったら、なくなるだろう。そういうように学者が妥協してもらっちゃ困る実務があるということを、学界の先生達にはよく知っていただいて目を光らせておってもらいたいということですね。

— 最近、実務家の論文が大変増えてきて、学者に対して、実務を知らないのが、何を云うかという感じのが増えてきていますが。

● こういった方々は、大体実務擁護派の人ですよね。実務は甚だ不都合だということを云う実務家が少なくてね。すべてやむを得んのだと、実務家からすれば、こうあるのが当然だという弁護論が多いですね。実務家の中で、実務を否定する実務家というのが貴重なんですね。これが学者と連携していかないと、刑事訴訟は良くなりませんね。まだ、全面証拠開示ということはよう主張せん学者の方が多いんだからね。

《全面証拠開示》

— 圧倒的多数の学者はまだ主張していませんね。

● だから、彼らはそれがどんなに検察側にとって怖いかということを知らないんですね。そして、検事や何かが証拠を全面開示したらどんなことになるか分からんという威しに迎合してね。真実を被告人側に隠して有罪にできるというのは、恐ろしいことですよ。真実を隠してまで有罪にしなければならない被告事件というのは、あるはずがないと私は思うんですよ。それは、有罪にしてはならんのですよ。

— 最近の再審事件でも未提出記録の中から、無罪証拠が出てきたりすると、本当にそういう思いがしますね。

● 証拠隠滅は、証拠隠滅として処罰したらいいんですよ。証拠隠滅の恐れがあるから、大事な証拠でも見せないというなら、そこから無実の人間の処罰という可能性がどんどん膨らんでいきますわね。それはもう、犯人を逃したら、それで処罰したらいいし、証拠隠滅したら証拠隠滅で処罰したらいいしね。

― 現在まで、学問と実務の両方をやってこられて、学者にどういうことを期待するか、将来、学問はどうあるべきかという問題、それから実務家はどうあるべきかという問題その当りはどうでしょうか。

● 実務と理論とが余りにも分離しすぎておると思いますね。それは、日本では学者がなかなか実務家を兼ねられん。兼ねさせたらいいんだと思いますけどね。学者も実務もやれるような体制になると随分ちがうと思いますけれどね。しかし、裁判官や検察官には、なっちゃいかん、弁護士になる。そうすると両方見える。検事と裁判所の両方の欠点や良い点が色々見えるけれどもね。裁判官になったら、また、もう他のは見えませんわ。検事になっても。もう目が片っぽうしかついておらんようになってね。やっぱり刑事は、のたうっておる刑事被告人を弁護する立場から、初めて、刑事の世界が分かると思いますね。追求され、のたうっている生の人間との関わりということからね。

― その点、もう少し具体的にいうと、どういうことになりますか。

● それは、やっぱりね、刑事被告人と本当に親身に付き合うということは、中々滅多にできるということではありませんからね。親身に付き合っておるとね、人間的な共鳴共感がでてきますよ。本当に、わたしらそう沢山事件をやる訳ではないから、引き受けたら割合、親身になってやりますよね。そうすると、こう、大変親しくなるんですよ。そんなに悪い人や嘘をつく人や騙す人というのはいないんではないですかね。まあ、私らのところにくるのは、先の話しのように弁護士さんや何かから紹介でくる事件、問題があるので、戦わなければならないという事件が多いから、そういう良い方ばかり見えるのかも知れませんけれどね。大体、付き合えば、本当に皆、良い人が多いと思いますね。裏切りませんわ、その人たちは。やっぱり、それにはこっちが偉いさんであってはいかんのですよね。

《検察官、裁判官》

― 弁護士は、そういう立場にあるという気がするんですけれども、検察官、裁判官についてはどうでしょうか。

● いや、私は、同じだろうと思いますよ。検事でもね。私は非常に感心した検事さんがおる。それは、大江兵馬という三高から京大を出た地味な人だったけれどもね。京都で未だ終戦間際の時期に、特別調達庁という役所があったんですがね。アメリカ軍の軍需物資調達のために動く日本の役人ですわ。その特別調達庁の役人が物を買って進駐軍に納めたり、いろんなことをせにゃならんですから、割合、忙しいし、業者との付き合いが多くて、これが賄賂をあちこちから貰っておるということで検挙されて、大江検事の調べを受けることになった。事件が五つ六つあったんですよね。まあ、怪しいものもあるし、いろんなことで、彼、そのうち二つくらい起訴したかな、他のは不起訴にしたんですよ。

大江君としては、私が弁護士で付いておるし、いい加減なのを起訴して無罪になったら格好が悪いから、不起訴にしたんだろうという見方もあるけれども、しかし、被告はね、大江検事を非常に徳とした。自分は良心に従って、あれもやっぱり起訴されてもやむを得ないと思っておるんですね。ところがそれを、証拠が確実なものだけにして、他はもういいからな、ということで処理してくれた。それで有罪になって、こちらはまだ、もう少しいけるから控訴しようといっておるのに、控訴せんのですよ。「いや、もう結構です。大江検事に私は過分に優しい扱いをして頂いた。完全にこりました。立ち直りました、結構です」と言ってね。彼が起訴すると、控訴はなくて、有罪確実で、そして、結局、人間は立ち直っておるんですね。だから、検事というのは、私はそういう面があると思いますよ。厳しいけれども優しくて、見逃すところは見逃すと。

井戸田君が修習生だったとき、指導教官の本井という検事がね。井戸田君を是非検事にくれというんですよ。それで、「あんたが説得して彼を検事に引っ張ったらいいじゃないか、しかし、彼は優しくて、てきぱき人をやっつけたりできる性格と違うぞ」と言ったらね。「それは、先生まで検察を誤解しておる。そういう男に検事になってもらわないと困るんです。あの男が調べたんだから、間違った調べはしておらんだろうと、みんな周囲の人が思うような人だけが検事になってもらいたいので、何にも無理に起訴をしたりすることはありません。間違いのないところをやってくれて、他は見逃してくれたら、それで検察はみんなから権威をもって認められるし、そういう人だけに検事の城を占めてもらいたいと思う」といいましてね。「じゃ一つやれ」と言ったんですけれども、井戸田君は行かなかった。

唯、そういう検事像というのはあるんですよね。烈日のごとく厳しいばかりではなくてね。騙されはせん、真実は見抜くけれども、しかし、閻魔さんだけではないとね。これは活人剣ではないとね。裁判官だって同じことではないですか。伊達さんなんてそうでしたよ。優しい良い裁判官でしたね。しかし、厳しいところもあったね。

千葉銀行の頭取の特別背任事件、貸してはならんお金を貸して、銀行の損失になった。銀座にレインボーという店があり、坂内という稀代の女傑がおって、これが籠絡しておったんだろうな。とにかく、何億という金を担保もいい加減なままに貸して、焦付いて問題になって、大蔵省の検査で叱られて「もうあかんぞ」と言われておったのに、また、やるんですよ。坂内は背任の共犯でやられて、結局、伊達君は有罪にしたんですよ。ところが、高裁で坂内だけは無罪になるんです。東京高裁が、無罪にするんだから大問題ですよ。これは、身分犯である背任罪における共犯の問題で非身分者はどこまで背任の認識がなければならないかということでね。大体、金を借りる人間と貸す人間は違って、借りる人間は銀行が貸してくれるならば、まあ、プラスがあるから貸すんだろうと思うのは当たり前のことだということで背任共犯の故意がないとしたんですね。

《学問の進歩》

― 最後に、学問は進歩しているかという点はいかがでしょう。先生は以前にフォイエルバッハ＝ミッターマイヤーの刑法の教科書の話しをされて、そこに、もう、学説らしい学説はたいてい出ておるので、自分の創見であるというようなことを言うとだいたい間違うと言われましたが、そうなると、学問は進歩していないのでしょうか。

● それは、不能犯の規定について確か小野さんだったね。なんか、明治以後の立法で自分の創見というようなことを言っておったんですが、それは、もう、ミッターマイヤーが手を入れたフォイエルバッハの教科書の中にちゃんとそのとおり、立法の一つの形としてあるんですよね。

― 刑法の場合、客観説、主観説、折衷説、最近は細かくなって主観的客観説、客観説主観説といったことですが、問題が決まれば学説のパターンは大体決まってきて、ただそれが時代に応じて、どれが出てくるのかというのが、かなり違うように思いますが。

● 本当に時代によってね。それまで無視されておったものがずっと出てくるし、有力だったものが背後に退いていくしね。本当、それ自体、進歩だったのかどうかという感じがしますよね。問題です。一方では人権擁護は進歩だというし、他方では、効果、結果の面からいうとかえって犯罪が増えたとかいわれるし、中々、難しいですね。

――終り――

[語り手]

佐伯千仭（さえき　ちひろ）

1907年12月11日生まれ
1927年　旧制第五高等学校卒業
1930年　京都大学法学部卒業、その後助手、助教授
1933年　滝川事件に際し京都大学を辞職、立命館大学教授
1934年　京都大学法学部助教授に復帰
1941年　京都大学法学部教授
1947年　教職不適格指定を受け、京都大学を追放
1947年　弁護士として活動を開始
1951年　法学博士（学位論文「刑法における期待可能性の思想」）
2006年9月1日　98歳で逝去

[聞き手]

井戸田侃（いどた　あきら）

現　在　立命館大学名誉教授、弁護士

浅田和茂（あさだ　かずしげ）

現　在　立命館大学大学院法務研究科教授

疾風怒濤
一法律家の生涯
──佐伯千仭先生に聞く──

2011年11月10日　初版第1刷発行

語り手　佐　伯　千　仭
聞き手　井　戸　田　侃
　　　　浅　田　和　茂
発行者　阿　部　耕　一

〒162-0041　東京都新宿区早稲田鶴巻町514番地
発行所　株式会社　成　文　堂
電話 03(3203)9201(代)　FAX 03(3203)9206

製版・印刷　シナノ印刷　　製本　弘伸製本

ISBN978-4-7923-7092-3　C1095

定価（本体2200円＋税）